DIE 1.000 WICHTIGSTEN WÖRTER

SPANISCH

GRUNDWORTSCHATZ

PONS GmbH
Stuttgart

VORWORT

Wussten Sie, dass 1.000 Wörter reichen, um die Sprache zu verstehen und einfache Gespräche zu führen?

Sprachwissenschaftler haben herausgefunden, dass Sie mit den 1.000 wichtigsten Wörtern bereits 80 % der Alltagssprache beherrschen.

In diesem Buch haben wir für Sie die 1.000 gebräuchlichsten spanischen Wörter zusammengestellt. Dies sind die Wörter, die Sie wirklich brauchen, um sich in Alltagssituationen in der Fremdsprache verständigen zu können.

Wo auch immer Sie sind – ob im Flugzeug, auf den Ramblas in Barcelona, in der Schule oder zu Hause auf dem Sofa – PONS „Die 1.000 wichtigsten Wörter" ist Ihr idealer Begleiter.

Beispielsätze zeigen Ihnen, wie Sie jedes Wort im Zusammenhang richtig anwenden. Formulierungen für erste Begegnungen finden Sie mit Hilfe dieses Buches ebenso schnell wie jedes spanische Stichwort mit Hilfe des Glossars hinten im Buch. Die Wörter sind nach Themenbereichen geordnet – so tauchen Sie noch schneller in die Sprache ein.

Die dazugehörige Wortschatztrainer-App (für iOS und Android), die Sie kostenfrei herunterladen können, ermöglicht ein abwechslungsreiches und effektives Vokabel- und Aussprachetraining mit dem bewährten Lernkarteikarten-Prinzip – jederzeit und überall.

Viel Erfolg und grenzenlose Unterhaltung im Spanischen wünscht Ihnen

Ihre
PONS-Redaktion

LERNTIPPS

Mit den folgenden 25 Lerntipps lernen Sie schnell und effizient Spanisch.

ALLGEMEIN

1. Vokabeln lernen

Lernen Sie in kleinen Portionen: Prägen Sie sich zunächst nur 4 oder 5 Wörter und Beispielsätze ein, die Ihnen wichtig oder schön erscheinen. Wenn Sie diese beherrschen, lernen Sie die nächsten 4 oder 5 Wörter.

2. Lieber täglich ein bisschen als gelegentlich viel

Wenn Sie täglich 15 Minuten intensiv üben, dann wird es mit der Zeit zur Gewohnheit und Sie üben automatisch immer wieder. Und ganz nebenbei trainieren Sie so auch Ihre Konzentrationsfähigkeit.

3. Eine Auswahl treffen

Wählen Sie vor allem die Wörter aus, die für Sie persönlich wichtig sind, z. B. die Freizeitbeschäftigungen, denen Sie besonders gerne nachgehen. Lernen Sie diese Vokabeln mit den dazugehörigen Beispielsätzen. So können Sie die alltägliche Kommunikation meistern.

4. Lernen Sie schwierige Vokabeln in ganzen Sätzen

Lernen Sie die Vokabeln immer mit den dazugehörigen Beispielsätzen statt völlig isoliert. Auf diese Weise können Sie sie im Kontext benutzen und einfacher verknüpfen.

5. Farblich markieren

Das farbliche Hervorheben von Textstellen oder Wörtern kann beim Erlernen einer Fremdsprache sehr hilfreich sein, da es ermöglicht, verschiedene Aspekte der Sprache gezielt zu üben.

6. Wortfamilien lernen

Beim Lernen von Vokabeln ist es hilfreich, Wörter einer Wortfamilie zu sammeln. Diese können Sie sich dann viel leichter merken. Versuchen Sie also immer wieder, sich von Adjektiven, Adverbien oder Verben die verwandten Substantive abzuleiten bzw. umgekehrt.

7. Memorieren

Es führt kein Weg daran vorbei, Wörter auswendig zu lernen. Daher ist es sinnvoll, dieses Buch überall hin mitzunehmen. So haben Sie die Möglichkeit, jederzeit nachzuschlagen und nebenher im Bus, in der Bahn, im Park oder zu Hause auf dem Sofa Vokabeln zu lernen.

8. Mit allen Sinnen lernen

Sprechen Sie beim Lernen so viele Sinne wie möglich an:
- Schreiben Sie die Vokabeln auf ein Blatt.
- Lesen Sie sich die Wörter und Beispielsätze laut vor und üben Sie so Ihre Aussprache.
- Gibt es zu den Vokabeln passende optische Eindrücke, Gerüche, Geschmäcke, Geräusche oder eine bestimmte Empfindung beim Berühren? Stellen Sie sich diese zusammen mit den Vokabeln vor.

9. Sich Ausdrücke bildlich vorstellen

Viele Leute prägen sich neue Wörter schneller und besser ein, wenn sie diese mit einem Bild verknüpfen. Probieren Sie aus, ob Ihnen diese Methode auch hilft!

10. Thematische Verbindung

Die Lernforschung hat gezeigt, dass das menschliche Gehirn sich thematisch miteinander verbundene Stichwörter besser merkt.

11. Den Wortschatz festigen

Für Lernende auf allen Niveaustufen ist es wichtig, den bereits gelernten Wortschatz regelmäßig zu wiederholen, um ihn dauerhaft zu festigen. Nehmen Sie sich 10 Minuten Zeit zum Wiederholen. Freuen Sie sich über die Vokabeln, die hängen geblieben sind!

AUSSPRACHE

12. Wörter aussprechen

Wenn Sie spanische Wörter und Sätze lesen, sprechen Sie sie dabei aus – ein leises Murmeln genügt. So gewöhnen Sie sich daran, sich selbst Spanisch sprechen zu hören – und wenn es wirklich darauf ankommt, fällt es Ihnen leichter.

13. Richtig betonen
Beim Lernen von Wörtern ist es wichtig, die richtige Betonung immer gleich mitzulernen. Sie finden sie in der Phonetikangabe direkt beim Stichwort. Um sich die Betonung besser einzuprägen, unterstreichen Sie die betonte Silbe zusätzlich im Buch. Sprechen Sie die Wörter laut nach und klopfen Sie bei der betonte Silbe auf den Tisch.

14. Sprechen Sie zu Ihrem Spiegelbild
Leider hat kaum jemand von uns ständig einen Muttersprachler zum Praktizieren der neuen Fremdsprache an seiner Seite. Deshalb: Sprechen Sie zu sich selbst, z. B. im Bad vor dem Spiegel. Indem Sie die Wörter laut aussprechen, bekommen Sie ein Gefühl für die Sprache und üben gleichzeitig das Bilden von Sätzen.

IM ALLTAG LERNEN

15. Kleine „Denkzettel"
Wie wäre es, wenn Sie Wörter aus dem täglichen Leben auf selbstklebende Zettel notieren und sie dann an den entsprechenden Gegenständen befestigen, wie z. B. an den Türen von jedem Zimmer oder an den Möbeln? So sehen und üben Sie die neuen Wörter immer wieder!

16. Spanisch üben im Alltag
Üben Sie Ihr Spanisch in vielen Bereichen des täglichen Lebens. Versuchen Sie mal, wenn Sie das nächste Mal Einkaufen gehen, Ihren Einkaufszettel auf Spanisch zu schreiben. Sie werden sehen, wie viele Wörter Sie schon kennen!

17. Zahlen
Zahlen begegnen uns in vielen Alltagssituationen. Damit Sie sich z. B. Zahlen besser merken, zählen Sie die Stockwerke im Aufzug oder sagen Sie Ihre Telefonnummer auf.

18. Wochentage
Tragen Sie sich in Ihren Kalender die Wochentage auf Spanisch ein! An welchen Wochentagen haben Sie Ihre Termine? Lassen Sie sich diese auf Spanisch durch den Kopf gehen.

19. Stammbaum
Zeichnen Sie Ihren eigenen Stammbaum und schreiben Sie die Verwandtschaftsbezeichnungen auf Spanisch zu den jeweiligen Familienmitgliedern.

20. Assoziationen
Assoziieren Sie Ihre Freunde mit deren Eigenschaften, Hobbys, Lieblingsfarben oder ihrem Herkunftsland. So lassen sich neue Wörter leicht merken!

21. Über den Beruf sprechen
Bereiten Sie sich auf eine entsprechende Gesprächssituation vor: Suchen Sie, wenn nötig, im Wörterbuch die spanische Übersetzung für Ihren Job. Notieren Sie sich hilfreiche Wendungen, z. B.: ¿En qué trabajas? – Trabajo en...

22. Neue Vokabeln erschließen
In vielen Situationen werden Sie auf Wörter treffen, die Ihnen nicht bekannt sind. Versuchen Sie mit Hilfe des schon bekannten Wortschatzes und visueller Information die Bedeutung des Textes zu erschließen. Es ist viel leichter, als Sie denken!

23. Häufige Sätze und Fragen
Die Sätze und Fragen, die Sie gelernt haben, werden sehr häufig gebraucht. Daher ist es sinnvoll, wenn Sie versuchen, ein paar davon auswendig zu lernen. Schreiben Sie einige dieser Sätze heraus und hängen Sie sie z. B. an den Spiegel, die Kühlschranktür oder einen anderen Ort, wo Sie sie häufig sehen.

24. Sich neue Wörter einprägen
Schreiben Sie unbekannte Wörter auf kleine Karteikarten. Das spanische Wort können Sie auf die eine Seite schreiben, die deutsche Übersetzung auf die andere. Wenn Sie sich die Wörter eingeprägt haben, legen Sie die Karteikarten zunächst zur Seite. Zur Kontrolle schauen Sie sich die Kärtchen eine Woche später wieder an, um zu sehen, welche Vokabeln Sie sich gemerkt haben.

25. Gemeinsam lernt es sich besser!
Finden Sie einen Freund oder Mitschüler, der ebenfalls Spanisch lernen möchte. Fragen Sie sich gegenseitig ab und üben Sie gemeinsam. Loben Sie sich gegenseitig für Ihre Fortschritte und feiern Sie Ihre Erfolge!

AUSSPRACHE

- Alle Vokale sind offen und halblang und müssen deutlich ausgesprochen werden.
- a, e und o bilden zusammen mit i, y oder u einen Doppellaut: fuego (Feuer); hoy (heute).

[i]	wird wie kurzes „i“ ausgesprochen	**rojo y azul**
[j]	**i** in Doppellauten; wird wie „j“ ausgesprochen;	**anciano, aparcamiento**
[u]	im Doppellaut **au**, **eu**, **ou**; in der Buchstabenkombination **qu** ist das **u** immer stumm	**autobús, causa**
[w]		**abuelo, aeropuerto**
[b, p]	weicher als im Deutschen	**bien; padre**
[b]	Verschlusslaut. **b** und **v** werden identisch ausgesprochen: weich, zwischen den Lippen	**vivir, hambre**
[β]	Reibelaut. weich, zwischen den Lippen gesprochen	**abajo, abrir**
[m]	jedes nicht wortauslautende **m** und **n** vor [p] oder [b]	**mamá, convivir**
[ɱ]	jedes **n** vor **f**	**enfermo, informarse**
[n]		**no**
[ṇ]	**n** in Verbindung mit darauffolgendem [θ]	**anciano, once**
[ṇ]	Am Zahnfleisch der oberen Schneidezähne gebildetes **n**. Steht vor **t** oder **d**.	**antes, aprender**
[ŋ]	**n** am Silbenende vor einem Konsonant, der am hinteren Gaumen gebildet wird.	**aunque, banco ningún, extranjero**
[ɲ]	wie deutsches „nj“ oder „gn“ bei „Champagner“	**niña**
[f]		**café**

[k]	wie deutsches „k“: **c** + **a/o/u** und **qu** + **e/i** und **c** + Konsonant (l, r, t, usw.); bei **qu** ist das **u** immer stumm	**kilo; casa, cuál, crecer, exacto; que**
[g]	wie deutsches „g“: im Anlaut vor **a**, **o**, **u** und vor Konsonanten	**gafas, gobierno**
[ɣ]	wie deutsches „g“, leicht gehaucht; tritt in den Gruppen **g** + **a/o/u** und **gu** + **e/i** auf, wenn es nicht im absoluten Anlaut steht oder auf **n** folgt.	**apagar, jugo, agua; droguería, seguir**
[x]	wie deutsches „ch“ in „Bach“: **g** + **e/i** und **j**.	**agitar, inteligente, bajar, naranja**
[d, t]	beide viel weicher als im Deutschen	**día; toro**
[ð]	noch weicher als [d]	**ayuda, dedo**
[θ]	stimmloser Lispellaut, der mit der Zunge zwischen den Zähnen gebildet wird (stärker als das englische „th“): **c** + **e/i** oder **z**	**aceite, gracias, abrazar, cerveza, Zaragoza**
[l]	wie deutsches „l“	**la, sal**
[ḷ]	zwischen den Zähnen gebildetes **l**, immer gefolgt von [θ]	**calcetín, dulce**
[ḷ]	an den oberen Zähnen gebildetes **l**, immer in Verbindung mit **d** oder **t**	**alto, aldea**
[ʎ]	wie hartes deutsches „j“ zwischen Vokalen	**ella, amarillo**
[s]	immer stimmlos, wie deutsches „ss“	**casa; sala**
[r]	leichtes Zungen-**r**: zwischen zwei Vokalen eines Wortes	**caro, pera**
[rr]	stark gerolltes Zungen-**r**: bei **rr** zwischen Vokalen, **r** am Anfang oder am Ende eines Wortes, **r** vor oder nach Konsonant	**perro; rosa, dolor; muerte, madre**
[tʃ]	stimmloses deutsches „tsch“	**muchacho**
[ɟ]	wie weiches deutsches „j“ wenn **y**, **hi** im Silbenanlaut – außer wenn **n**, **l** vorausgehen – oder im Anlaut einer schwachbetonten Silbe steht	**ayuda, ayer**
[ʤ]	stimmloses deutsches „dsch“	**jazz**
[ʃ]	wie deutsches „sch“	**shock**

ICH HEISSE …

MEINE FAMILIE

MEINE LIEBEN FREUNDE

HÖFLICHES BENEHMEN

FREUNDE EINLADEN UND SICH VERABREDEN

HALLO UND AUF WIEDERSEHEN

ZWISCHENMENSCHLICHES

MITEINANDER REDEN

ICH HEISSE ...

el **nombre** [ˈnombre]
der **Name**
→ Mi nombre es Carlos. – *Mein Name ist Carlos.*

llamarse [ʎaˈmarse]
heißen
→ ¿Cómo te llamas? – *Wie heißt du?*

conocer [konoˈθer]
kennenlernen
→ Nos conocimos en una fiesta. – *Wir haben uns auf einem Fest kennen gelernt.*

el **cumpleaños** [kumpleˈaɲos]
der **Geburtstag**
→ Mi cumpleaños es el doce de diciembre. – *Ich habe am zwölften Dezember Geburtstag.*

la **edad** [eˈðað]
das **Alter**
→ ¿A qué edad has empezado a tocar el piano? – *In welchem Alter hast du angefangen, Klavier zu spielen?*

viejo [ˈbjexo], **vieja**
alt
→ Mi perro ya es viejo pero aún es muy activo. – *Mein Hund ist schon alt, aber er ist noch sehr lebhaft.*

joven [ˈxoβen]
jung
→ Tengo dos hermanos: uno más joven y el otro mayor que yo. – *Ich habe zwei Brüder: einen jüngeren und einen, der älter ist als ich.*

la **dirección** [direɣˈθjon]
die **Adresse**
→ Mi dirección es calle Mayor, número 12. – *Meine Adresse ist calle Mayor, Nummer 12.*

el **número** [ˈnumero]
die **Nummer**
→ ¿Cúal es tu número de teléfono? – *Wie lautet deine Telefonnummer?*

el **idioma** [iˈðjoma]
die **Sprache**
→ Habla tres idiomas: inglés, francés y chino. – *Er / Sie spricht drei Sprachen: Englisch, Französisch und Chinesisch.*

MEINE FAMILIE

la **familia** [fa'milja]
die **Familie**
→ La familia es lo más importante. – *Die Familie ist das Wichtigste.*

la **madre** ['maðre]
die **Mutter**
→ El niño llama a su madre. – *Das Kind ruft nach seiner Mutter.*

la **mamá** [ma'ma]
die **Mama**
→ ¿Y dónde está tu mamá? – *Und wo ist deine Mama?*

el **padre** ['paðre]
der **Vater**
→ Su padre es alemán. – *Sein / Ihr Vater ist Deutscher.*

el **papá** [pa'pa]
der **Papa**
→ Los niños suelen decir papá. – *Die Kinder sagen Papa.*

los **padres** ['paðres]
die **Eltern**
→ Todavía vive en casa de sus padres. – *Er / Sie lebt noch bei seinen / ihren Eltern.*

el **hermano** [er'mano], la **hermana**
der **Bruder**, die **Schwester**
→ Mi hermana no se parece nada a mí. – *Meine Schwester ist mir kein bisschen ähnlich.*

la **boda** ['boða]
die **Hochzeit**
→ En la boda había cien invitados. – *Bei der Hochzeit waren hundert Gäste.*

el **marido** [ma'riðo]
der **Ehemann**
→ ¿Cómo se llama su marido? – *Wie heißt Ihr / ihr Mann?*

la **mujer** [mu'xer]
die **Ehefrau**
→ Mi mujer trabaja en un banco. – *Meine Frau arbeitet bei der Bank.*

el **hijo** ['ixo], la **hija**
der **Sohn**, die **Tochter**
→ Tiene un hijo artista. – *Er / Sie hat einen Sohn, der Künstler ist.*

el **niño** ['niɲo]
das **Kind**
→ El niño da la mano a su madre. – *Das Kind fasst seine Mutter an der Hand.*

casado [ka'saðo], **casada**
verheiratet
→ ¿Estás casado? – *Bist du verheiratet?*

divorciado [diβor'θjaðo], **divorciada**
geschieden
→ Está divorciado y tiene dos hijos. – *Er ist geschieden und hat zwei Kinder.*

los **abuelos** [a'βwelos]
die **Großeltern**
→ Voy a ver a mis abuelos todos los domingos. – *Ich besuche meine Großeltern jeden Sonntag.*

el **abuelo** [a'βwelo], la **abuela**
der **Opa,** die **Oma**
→ El abuelo cuenta cuentos a sus nietos. – *Der Opa erzählt seinen Enkeln Märchen.*

cuidar [kwi'ðar]
aufpassen auf
→ Cuando yo trabajo cuida él de los niños. – *Wenn ich arbeite, passt er auf die Kinder auf.*

el **nieto** ['njeto], la **nieta**
der **Enkel,** die **Enkelin**
→ Ya tengo tres nietos. – *Ich habe schon drei Enkel.*

el tío ['tio]
der **Onkel**
→ Este es el tío de Cristina. – *Dies ist der Onkel von Cristina.*

la **tía** ['tia]
die **Tante**
→ Tengo una tía de noventa años. – *Ich habe eine Tante, die neunzig Jahre alt ist.*

MEINE LIEBEN FREUNDE

el **amigo** [a'miɣo],
la **amiga**
der **Freund,** die **Freundin**
→ Es un amigo de la infancia. – *Er ist ein Jugendfreund.*

el **novio** ['noβjo],
la **novia**
der **feste Freund,**
die **feste Freundin**
→ Juan no tiene novia. ¡Tiene novio! – *Juan hat keine Freundin. Er hat einen Freund!*

la **pareja** [pa'rexa]
das **Paar**
→ Juntos hacen muy buena pareja. – *Sie passen sehr gut zusammen.*

soltero [sol'tero],
soltera
ledig
→ Tiene cuarenta años y aún está soltero. – *Er ist vierzig Jahre alt und noch ledig.*

el **tío** ['tio]
der **Kerl**
→ Es un tío muy simpático. – *Er ist ein sehr netter Kerl.*

el **grupo** ['grupo]
die **Gruppe**
→ Siempre viajan en grupo. – *Sie reisen immer in der Gruppe.*

ambos ['ambos], **ambas**
beide
→ ¿Cuál te gusta más? – Me gustan ambas. – *Welche gefällt dir am besten? – Mir gefallen beide.*

juntos ['xuntos], **juntas**
zusammen
→ Siempre viajamos juntos. – *Wir verreisen immer zusammen.*

el **señor** [se'ɲor]
der **Herr**
→ El señor Martínez le está esperando. – *Herr Martínez erwartet Sie.*

la **señora** [se'ɲora]
die **Dame,** die **Frau**
→ Señora Martínez, la llaman por teléfono. – *Frau Martínez, Sie werden am Telefon verlangt.*

HÖFLICHES BENEHMEN

agradecer [aɣraðeˈθer]
sich bedanken
→ Te agradezco la ayuda. – *Danke für deine Hilfe.*

disculpar [diskulˈpar]
entschuldigen
→ Disculpa que te haya molestado. – *Entschuldige, dass ich dich gestört habe.*

disculparse [diskulˈparse]
sich entschuldigen
→ Aún no te has disculpado por tu comportamiento. – *Du hast dich noch nicht für dein Verhalten entschuldigt.*

Prefiero...
Ich möchte lieber ...

Sí, por favor.
Ja, bitte.

No, muchas gracias.
Nein, danke.

¿Permite?
Gestatten Sie?

¿Me puede decir...?
Können Sie mir bitte sagen, ...?

¡Con mucho gusto!
Mit Vergnügen!

encantado [eŋkan̪ˈtaðo], **encantada**
gern(e)
→ Acepto tu invitación encantada. – *Ich nehme die Einladung gerne an.*

las **gracias** [ˈgraθjas]
der **Dank**
→ Gracias por el regalo. – *Danke für das Geschenk.*

pedir [peˈðir]
bitten
→ No ha pedido ayuda a nadie. – *Er / Sie hat niemanden um Hilfe gebeten.*

permitir [permiˈtir]
erlauben
→ La ley no permite conducir sin carné. – *Es ist nicht erlaubt, ohne Führerschein zu fahren.*

por favor
bitte
→ Por favor, ¿me ayudas? – *Hilfst du mir bitte?*

rogar [rroˈɣar]
bitten
→ Se ruega silencio en la sala. – *Es wird um Ruhe im Saal gebeten.*

sentir [sen̪ˈtir]
bedauern
→ Siento el retraso. – *Ich bedaure die Verspätung.*

FREUNDE EINLADEN UND SICH VERABREDENEN

contrar [eŋkoņ'trar]
treffen, begegnen
→ Encontré ayer a María en el supermercado. – *Gestern habe ich María im Supermarkt getroffen.*

encontrarse [eŋkoņ'trarse]
begegnen; sich treffen
→ ¿Nos encontramos a las ocho delante del cine? – *Treffen wir uns um acht Uhr vor dem Kino?*

la **invitación** [imbita'θjon]
die **Einladung**
→ Todavía no he recibido la invitación de boda. – *Ich habe die Einladung zur Hochzeit noch nicht bekommen.*

el **invitado** [imbi'taðo], la **invitada**
der **Gast**
→ En la boda había cien invitados. – *Bei der Hochzeit waren hundert Gäste.*

invitar [imbi'tar]
einladen
→ Te invito a cenar. – *Ich lade dich zum Abendessen ein.*

ofrecer [ofre'θer]
anbieten
→ ¿Puedo ofrecerte algo para beber? – *Kann ich dir etwas zu trinken anbieten?*

el **punto de encuentro**
der **Treffpunkt**
→ El punto de encuentro es el ayuntamiento. – *Der Treffpunkt ist das Rathaus.*

quedar [ke'ðar]
verabreden
→ ¿A qué hora quedamos? – *Wann sollen wir uns verabreden?*

la **visita** [bi'sita]
der **Besuch**
→ Esta noche viene visita. – *Heute Abend kommt Besuch.*

el **visitante** [bisi'taņte], la **visitante**
der **Besucher**, die **Besucherin**
→ Este año la feria ha tenido menos visitantes. – *Dieses Jahr waren weniger Besucher auf der Messe.*

visitar [bisi'tar]
besuchen
→ ¿Vamos a visitar a tu hermana? – *Gehen wir deine Schwester besuchen?*

HALLO UND AUF WIEDERSEHEN

abrazar [aβra'θar]
umarmen
→ Abrazó a sus padres antes de salir. – *Er umarmte seine Eltern bevor er abfuhr.*

el **abrazo** [a'βraθo]
die **Umarmung**
→ ¡Dame un abrazo! – *Umarme mich!*

¡Hasta pronto!
Bis bald!

¡Hasta luego!
Bis später!

¡Hasta mañana!
Bis morgen!

¡Que vaya bien!
Mach's gut!

¡Buenos días!
Guten Morgen!

¡Buenas tardes!
Guten Tag!

¡Buenas noches!
Guten Abend! / Gute Nacht!

¡Hola! / ¿Qué tal?
Hallo! / Grüß dich!

¡Adiós!
Tschüss!

¡Buen viaje!
Gute Reise!

adiós [a'ðjos]
tschüss
→ Adiós, ¡que te vaya bien! – *Tschüss, mach's gut!*

besar [be'sar]
küssen
→ Se acercó a ella y la besó. – *Er näherte sich ihr und küsste sie.*

el **beso** ['beso]
der **Kuss**
→ ¿Me das un beso? – *Gibst du mir einen Kuss?*

despedir [despe'ðir]
verabschieden
→ Aún no me he despedido de mis compañeros. – *Ich habe mich noch nicht von meinen Kameraden verabschiedet.*

hola ['ola]
hallo
→ Hola, ¿qué tal? – *Hallo, wie geht's?*

por casualidad
zufällig
→ Nos vimos en el concierto por casualidad. – *Wir haben uns zufällig bei dem Konzert gesehen.*

saludar [salu'ðar]
grüßen
→ Saluda a tu madre de mi parte. – *Grüße deine Mutter von mir.*

el **saludo** [sa'luðo]
der **Gruß**
→ Tu hermana te manda un saludo. – *Deine Schwester lässt dich grüßen.*

ZWISCHENMENSCHLICHES

acordarse [akor'ðarse]
sich erinnern
→ Me acuerdo del día en que nos conocimos. – *Ich erinnere mich an den Tag, an dem wir uns kennen lernten.*

comportarse [kompor'tarse]
sich verhalten, benehmen
→ Compórtate bien en clase. – *Benimm dich gut im Unterricht.*

el **consejo** [kon'sexo]
der **Rat**
→ ¿Te puedo dar un consejo? *Darf ich dir einen Rat geben?*

la **cosa** ['kosa]
die **Sache**
→ Eso es cosa suya. – *Das ist seine / ihre Sache.*

difícil [di'fiθil]
schwierig
→ Tiene un carácter muy fuerte, por eso es difícil trabajar con él. – *Er hat einen sehr starken Charakter, daher ist es schwierig mit ihm zu arbeiten.*

esperar [espe'rar]
erwarten
→ ¡Espero una disculpa! – *Ich erwarte eine Entschuldigung!*

la **idea** [i'ðea]
die **Idee**
→ Tengo una idea interesante para el proyecto. – *Ich habe eine interessante Idee für das Projekt.*

llamar [ʎa'mar]
rufen
→ El niño llama a su madre. – *Das Kind ruft nach seiner Mutter.*

mentir [men̪ˈtir]
lügen
→ ¿Por qué has mentido a tus padres? – *Warum hast du deine Eltern angelogen?*

la **mentira** [men̪ˈtira]
die **Lüge**
→ Cuenta una mentira detrás de otra. – *Er / Sie erzählt eine Lüge nach der anderen.*

molestar [molesˈtar]
stören
→ No le molestes mientras está trabajando. – *Störe ihn nicht beim Arbeiten.*

el **motivo** [moˈtiβo]
der **Grund**
→ ¿Cuál es el motivo de tu visita? – *Was ist der Grund deines Besuchs?*

necesario [neθeˈsarjo], **necesaria**
nötig; notwendig
→ Es necesario un cambio. – *Es ist eine Veränderung nötig.*

la **ocasión** [okaˈsjon]
die **Gelegenheit**
→ Aún no he tenido ocasión de conocerlo. – *Ich hatte noch keine Gelegenheit, ihn kennenzulernen.*

la **opinión** [opiˈnjon]
die **Meinung**
→ Me gustaría escuchar tu opinión sobre el tema. – *Ich würde gerne deine Meinung dazu hören.*

pertenecer [perteneˈθer]
gehören
→ ¿A quién pertenece la empresa? – *Wem gehört die Firma?*

prestar [presˈtar]
(aus)leihen
→ ¿Me prestas tu coche? – *Leihst du mir dein Auto?*

privado [priˈβaðo], **privada**
privat
→ Esta es una fiesta privada. – *Das ist eine private Feier.*

prohibir [proi̯ˈβir]
verbieten
→ Le han prohibido fumar en casa. – *Sie haben ihm / ihr verboten, zu Hause zu rauchen.*

prometer [promeˈter]
versprechen
→ Prométeme que no se lo dirás a nadie. – *Versprich mir, es niemandem zu sagen.*

proponer [propoˈner]
vorschlagen
→ Te propongo un trato. – *Ich schlage dir eine Abmachung vor.*

la **propuesta** [proˈpwesta]
der **Vorschlag**
→ Me hizo una propuesta interesante. – *Er hat mir einen interessanten Vorschlag gemacht.*

querido[1] [keˈriðo], **querida**
lieber, liebe
→ Querido Pedro: Gracias por tu última carta. – *Lieber Pedro, danke für deinen letzten Brief.*

querido[2] [keˈriðo], **querida**
beliebt
→ Es una persona muy querida en la empresa. – *In der Firma ist er / sie sehr beliebt.*

recibir [rreθiˈβir]
bekommen
→ ¿Has recibido mi carta? – *Hast du meinen Brief bekommen?*

recordar [rrekorˈðar]
erinnern
→ Recuérdame que saque la basura antes de salir. – *Erinnere mich daran, dass ich den Müll hinausbringe, bevor ich gehe.*

significar [siɣnifiˈkar]
bedeuten
→ ¿Qué significa esta frase? – *Was bedeutet dieser Satz?*

MITEINANDER REDEN

el **chiste** [ˈtʃiste]
der **Witz**
→ Le encanta contar chistes. – *Er / Sie erzählt gern Witze.*

contar [konˈtar]
erzählen
→ ¡Abuela, cuéntame un cuento! – *Oma, erzähle mir ein Märchen!*

la **conversación** [kombersaˈθjon]
die **Unterhaltung**
→ Tuvimos una conversación muy agradable. – *Wir haben uns sehr angenehm unterhalten.*

creer [kreˈer]
glauben
→ No le creo. – *Ich glaube ihm / ihr nicht.*

decir [deˈθir]
sagen
→ Me ha dicho que no quiere hablar contigo. – *Er / Sie hat mir gesagt, dass er / sie nicht mit dir reden möchte.*

discutir [diskuˈtir]
streiten
→ Siempre están discutiendo. – *Sie streiten immer.*

entender [entenˈder]
verstehen
→ ¿Entiendes lo que dice? – *Verstehst du, was er / sie sagt?*

enterarse [enteˈrarse]
erfahren
→ Me he enterado de que tienes novio. – *Ich habe erfahren, dass du einen Freund hast.*

escuchar [eskuˈtʃar]
zuhören
→ No me escucha cuando hablo. – *Er / Sie hört mir nicht zu, wenn ich rede.*

hablar [aˈβlar]
reden, sprechen
→ Mi marido no habla mucho. No habla español. – *Mein Mann redet nicht viel. Er spricht kein Spanisch.*

afecto ≠ Affekt

Matthias und Ana haben sich gestritten. Jetzt tut es ihm leid, deswegen geht er zu Ana, um sich zu entschuldigen. „Oye, Ana" – sagt Matthias – „lo siento mucho. He actuado por afecto". Sie kann es kaum glauben und erwidert: „Encima de que reacciones tan enfadado, ¿tengo que creer que lo has hecho porque me quieres?" Sie ist sauer auf ihn und versteht nichts mehr. Matthias aber hat die Verwechslung verstanden und lächelt ihr zu: „Ya sabes que te quiero, de eso no hay duda, pero lo que quise decir es que fue un arrebato..." Ana lächelt jetzt auch wieder, da afecto auf Spanisch Zuneigung bedeutet.

informarse [iɱfor'marse]
erkundigen
→ Antes de comprar el piso infórmate bien. – *Erkundige dich gut, bevor du die Wohnung kaufst.*

interrumpir [interrum'pir]
unterbrechen
→ No interrumpas las conversaciones de los demás. – *Unterbrich die anderen nicht beim Reden.*

naturalmente [natural'mente]
natürlich
→ Naturalmente que lo he avisado. – *Natürlich habe ich ihm Bescheid gesagt.*

no [no]
nein
→ No, no quiero ir. – *Nein, ich möchte nicht hingehen.*

la **palabra** [pa'laβra]
das **Wort**
→ He aprendido cien palabras en alemán. – *Ich habe hundert deutsche Wörter gelernt.*

pensar [pen'sar]
denken
→ Piensa mucho en el pasado. – *Er / Sie denkt oft an vergangene Zeiten.*

Bien.
Gut.

Correcto.
Richtig.

¡Hecho! ['etʃo]
Abgemacht!

Exacto.
Genau!

¡Está bien!
Geht in Ordnung!

¡De acuerdo!
Okay!

¿No me digas?
Wirklich?

¡Vaya, vaya!
Interessant!

Ya entiendo.
Ich verstehe.

por supuesto
selbstverständlich
→ ¡Por supuesto que ha pagado la factura! – *Selbstverständlich hat er / sie die Rechnung bezahlt!*

la **pregunta** [pre'ɣunta]
die **Frage**
→ ¿Puedes repetir la pregunta? – *Kannst du die Frage wiederholen?*

preguntar [preɣuṇˈtar]
fragen
→ Si no entiendes algo, pregúntame. – *Wenn du etwas nicht verstehst, frag mich.*

repetir [rrepeˈtir]
wiederholen
→ ¿Puedes repetir lo que has dicho? – *Kannst du wiederholen, was du gesagt hast?*

la **respuesta** [rresˈpwesta]
die **Antwort**
→ No sé la respuesta a esta pregunta. – *Ich weiß die Antwort auf diese Frage nicht.*

sí [si]
ja
→ Sí. Quiero. – *Ja, ich will.*

EIGENSCHAFTEN

GUTE CHARAKTER-EIGENSCHAFTEN

SCHLECHTE CHARAKTER-EIGENSCHAFTEN

SCHWARZ, WEISS UND BUNT

RUND UND ECKIG

EIGENSCHAFTEN

alto ['alto]
laut
→ ¡No hables tan alto! – *Sprich nicht so laut!*

auténtico [au̯'tentiko], **auténtica**
echt
→ ¿Este reloj es auténtico o una imitación? – *Ist diese Uhr echt oder ein Plagiat?*

bajo ['baxo]
leise
→ ¿Puedes hablar bajo? – *Kannst du leise sprechen?*

bien ['bjen]
gut
→ Hoy no me siento bien. – *Heute fühle ich mich nicht gut.*

blando ['blando], **blanda**
weich
→ La pasta está blanda. – *Der Teig ist weich.*

bonito [bo'nito], **bonita**
schön
→ ¡Qué collar más bonito! – *Was für eine schöne Halskette!*

bueno ['bweno], **buena**
gut
→ La tarta estaba buena. – *Die Torte war gut.*

callado [ka'ʎaðo], **callada**
still
→ Estuvo callado durante toda la conversación. – *Er war während des ganzen Gesprächs still.*

cansado [kan'saðo], **cansada**
müde
→ Estoy cansado de trabajar. – *Ich bin müde vom Arbeiten.*

deprisa [de'prisa]
schnell
→ El conejo corría más deprisa que el perro. – *Das Kaninchen sprang schneller als der Hund.*

despacio [des'paθjo]
langsam
→ Camina despacio que te vas a caer. – *Geh langsam, sonst fällst du hin.*

diferente [dife'rente]
verschieden
→ Tienen diferentes opiniones sobre el tema. – *Sie sind bei diesem Thema verschiedener Meinung.*

distinto [dis'tinto], **distinta**
anders
→ El sabor del vino tinto es distinto al del rosado. – *Rotwein schmeckt anders als Rosé.*

duro [ˈduro], **dura**
hart
→ El diamante es un material duro. – *Diamant ist ein hartes Material.*

especial [espeˈθjal]
besondere(r, s)
→ Hoy es un día especial. – *Heute ist ein besonderer Tag.*

feo [ˈfeo], **fea**
hässlich
→ Hoy lleva un vestido feo. – *Heute trägt sie ein hässliches Kleid.*

fijo [ˈfixo], **fija**
fest
→ No tengo teléfono fijo. – *Ich habe keinen Festnetzanschluss.*

fuerte [ˈfwerte]
kräftig
→ Este queso es bastante fuerte de sabor. – *Dieser Käse ist ziemlich kräftig im Geschmack.*

genial [xeˈnjal]
toll
→ ¡Lo pasamos genial! – *Es war toll!*

guapo [ˈgwapo], **guapa**
hübsch
→ Tu novia es muy guapa. – *Deine Freundin ist sehr hübsch.*

importante [imporˈtaṇte]
wichtig
→ Tomará una decisión importante. – *Er / Sie wird eine wichtige Entscheidung treffen.*

imposible [impoˈsiβle]
unmöglich
→ Es imposible que te haya costado tanto dinero. – *Es ist unmöglich, dass du so viel dafür bezahlt hast.*

interesante [iṇtereˈsaṇte]
interessant
→ La discusión fue muy interesante. – *Die Diskussion war sehr interessant.*

lento [ˈleṇto], **lenta**
langsam
→ El anciano camina a paso lento. – *Der alte Mann läuft langsam.*

libre [ˈliβre]
frei
→ ¿Está libre esta butaca? – *Ist dieser Platz frei?*

ligero [liˈxero], **ligera**
leicht
→ La almohada es ligera. – *Das Kopfkissen ist leicht.*

limpio [ˈlimpjo], **limpia**
sauber
→ Ponte una camisa limpia. – *Zieh dir ein sauberes Hemd an.*

listo [ˈlisto]
fertig
→ La comida ya está lista. – *Das Essen ist schon fertig.*

lo mejor
am besten
→ Lo mejor es levantarse pronto para llegar a tiempo. – *Es ist am besten, früh aufzustehen, um rechtzeitig anzukommen.*

lo que más
am meisten
→ Lo que más me gusta de ti es tu paciencia. – *Was mir an dir am meisten gefällt, ist deine Geduld.*

el **mejor** [meˈxor], la **mejor**
beste(r, s)
→ Te presento a Bea, mi mejor amiga. – *Darf ich dir Bea vorstellen, meine beste Freundin.*

mejor [meˈxor]
besser
→ Este pantalón te queda mejor que el otro. – *Diese Hose passt dir besser als die andere.*

moderno [moˈðerno], **moderna**
modern
→ Le interesa el arte moderno. – *Er / Sie interessiert sich für moderne Kunst.*

pesado [peˈsaðo], **pesada**
schwer
→ Es una carga pesada. – *Es ist eine schwere Last.*

pobre [ˈpoβre]
arm
→ Su familia es muy pobre. – *Seine / Ihre Familie ist sehr arm.*

posible [poˈsiβle]
möglich
→ Es posible que lo despidan de la empresa. – *Es ist möglich, dass die Firma ihn entlässt.*

rico [ˈrriko], **rica**
reich
→ El escritor se ha hecho rico con esa nueva novela. – *Der Schriftsteller wurde mit dem neuen Roman reich.*

seguro [seˈɣuro], **segura**
sicher
→ Es un cierre seguro. – *Das ist ein sicherer Verschluss.*

sucio [ˈsuθjo], **sucia**
schmutzig
→ No entres en casa con los zapatos sucios. – *Geh nicht mit den schmutzigen Schuhen ins Haus.*

verdad [berˈðað]
wahr
→ ¿Es verdad que te marchas de la empresa? – *Ist es wahr, dass du die Firma verlässt?*

GUTE CHARAKTEREIGENSCHAFTEN

amable [a'maβle]
freundlich
→ Ana nos recibió en su casa con unas palabras muy amables. – *Ana empfing uns mit ein paar sehr freundlichen Worten in ihrem Haus.*

bueno ['bweno], **buena**
gut
→ Luis es una buena persona. Siempre ayuda a todos. – *Luis ist ein guter Mensch. Er hilft immer allen.*

cortés [kor'tes]
höflich
→ Le hizo un recibimiento muy cortés. – *Er / Sie empfing ihn / sie sehr höflich.*

cuidadosamente [kwiðaðosa'mente]
sorgfältig
→ Metió cuidadosamente las copas en la caja. – *Er / Sie packte die Gläser sorgfältig in den Karton.*

curioso [ku'rjoso], **curiosa**
neugierig
→ Mi suegra es un poco curiosa. – *Meine Schwiegermutter ist ein bisschen neugierig.*

noble ≠ nobel

Dieter ist mit José zum Spaziergang verabredet. José bringt seinen Hund mit, den Dieter hierbei zum ersten Mal sieht. Er findet ihn ausgesprochen süß: ein brauner, freundlich aussehender Mops. Dieter weiß, dass José stolz auf seinen Hund ist, so will er ihm ein Komplimet machen und sagt: „Tu perro me parece muy noble, me gusta." Darauf antwortet José: „Bueno, es un perro de raza, sí, pero tampoco se puede decir que sea ‚noble'." Dieter lächelt, denn er bemerkte, dass er ein falsches Adjektiv benutzte, da noble auf Spanisch meist adelig oder edel bedeutet. „Quise decir que tu perro es muy elegante, me gusta", erwidert Dieter, um das Missverständnis auszuräumen.

divertido [diβerˈtiðo], **divertida**
lustig
→ Es un chico muy divertido. Siempre cuenta cosas muy graciosas. – *Er ist ein sehr amüsanter Junge. Er erzählt sehr lustige Dinge.*

feliz [feˈliθ]
glücklich
→ Han tenido un niño y están muy felices. – *Sie haben ein Kind bekommen und sind sehr glücklich.*

inteligente [in̪teliˈxen̪te]
intelligent
→ Es un alumno inteligente. – *Er ist ein intelligenter Schüler.*

listo [ˈlisto], **lista**
klug
→ Para la edad que tiene es muy listo. – *Für sein Alter ist er sehr klug.*

optimista [optiˈmista]
optimistisch
→ Es muy optimista: cree que como escritor va a ganar mucho dinero. – *Er ist sehr optimistisch: Er glaubt, dass er als Autor viel Geld verdienen wird.*

orgulloso [orɣuˈʎoso], **orgullosa**
stolz
→ Estoy muy orgullosa de ti. – *Ich bin sehr stolz auf dich.*

positivo [posiˈtiβo], **positiva**
positiv
→ Siempre ves todo negro. ¡Sé más positivo! – *Du siehst immer alles schwarz. Sei doch positiver!*

racional [rraθjoˈnal]
vernünftig
→ Es una persona muy racional. – *Er / Sie ist sehr vernünftig.*

serio [ˈserjo], **seria**
ernst
→ Es un chico muy serio. – *Er ist ein sehr ernster Junge.*

simpático [simˈpatiko], **simpática**
nett; sympathisch
→ Parece una chica simpática. – *Das Mädchen scheint sympathisch zu sein.*

tranquilo [traŋˈkilo], **tranquila**
ruhig, still
→ Mi padre es muy tranquilo. Nunca pierde los nervios. – *Mein Vater ist sehr ruhig. Er verliert nie die Nerven.*

SCHLECHTE CHARAKTER-EIGENSCHAFTEN

infeliz [iɱfeˈliθ]
unglücklich
→ Tiene una mirada infeliz. – *Er / Sie sieht unglücklich aus.*

loco [ˈloko], **loca**
verrückt
→ Se ha vuelto loco. – *Er ist verrückt geworden.*

maleducado [maleðuˈkaðo], **maleducada**
unhöflich
→ Nunca he visto un hombre tan maleducado. – *Das ist der unhöflichste Mann, den ich je gesehen habe.*

malo [ˈmalo], **mala**
schlecht, schlimm
→ Miguel lo hizo con mala intención. Es una mala persona. – *Miguel tat es in böser Absicht. Er ist ein schlechter Mensch.*

negativo [neɣaˈtiβo], **negativa**
negativ
→ Nunca vas a conseguir nada siendo tan negativo. – *Du wirst nie etwas erreichen, wenn du so negativ bist.*

nervioso [nerˈβjoso], **nerviosa**
nervös
→ Está muy nerviosa porque hoy hace el examen de conducir. – *Sie ist sehr nervös, weil sie heute ihre Fahrprüfung macht.*

pesimista [pesiˈmista]
pessimistisch
→ Es muy pesimista en cuanto a las perspectivas económicas del país. – *Er / Sie ist sehr pessimistisch, was die wirtschaftlichen Aussichten für das Land betrifft.*

raro [ˈrraro], **rara**
seltsam, komisch
→ ¿Ese chico no te parece raro? – *Findest du den Jungen da nicht auch ein bisschen komisch?*

tonto [ˈtonto], **tonta**
dumm
→ ¡No entiendes nada! ¿Es que eres tonto? – *Du verstehst auch gar nichts! Bist du denn dumm?*

triste ['triste]
traurig
→ Siempre que la veo está triste. – *Immer wenn ich sie sehe, ist sie traurig.*

vago ['baɣo], **vaga**
faul
→ Este chico es muy vago. – *Dieser Junge ist sehr faul.*

SCHWARZ, WEISS UND BUNT

el **color** [ko'lor]
die **Farbe**
→ El color de la pared es demasiado oscuro. – *Die Wand ist in einer zu dunklen Farbe gestrichen.*

amarillo [ama'riʎo], **amarilla**
gelb
→ Una cortina amarilla. – *Ein gelber Vorhang.*

azul [a'θul]
blau
→ El cielo está azul. – *Der Himmel ist blau.*

azul claro
hellblau
→ Hoy el mar está azul claro. – *Heute ist das Meer hellblau.*

azul oscuro
dunkelblau
→ La camisa es azul oscuro. – *Das Hemd ist dunkelblau.*

blanco ['blaŋko], **blanca**
weiß
→ La novia llevaba un vestido blanco. – *Die Braut hatte ein weißes Kleid an.*

gris [gris]
grau
→ Llevaba un traje gris. – *Er trug einen grauen Anzug.*

lila ['lila]
lila
→ La pared de la cocina es lila. – *Die Küchenwand ist lila.*

marrón [ma'rron]
braun
→ La madera es marrón. – *Das Holz ist braun.*

naranja [na'raŋxa]
orange(farben)
→ Esta tela naranja es muy llamativa. – *Dieser orangefarbene Stoff ist sehr auffällig.*

negro ['neɣro], **negra**
schwarz
→ Tengo un gato negro como el carbón. – *Ich habe eine kohlschwarze Katze.*

rojo ['rroxo], **roja**
rot
→ Siempre lleva los labios rojos. – *Sie schminkt sich die Lippen immer rot.*

rosa ['rrosa]
rosa
→ La blusa rosa es de seda. – *Die rosa Bluse ist aus Seide.*

verde ['berðe]
grün
→ Después de regar la hierba se pone verde. – *Wenn man ihn bewässert, wird der Rasen grün.*

RUND UND ECKIG

alto ['al̩to], **alta**
hoch
→ Nueva York tiene edificios muy altos. – *In New York gibt es sehr hohe Gebäude.*

ancho ['antʃo], **ancha**
breit
→ La mesa no cabe en la cocina; es demasiado ancha. – *Der Tisch passt nicht in die Küche, er ist zu breit.*

bajo ['baxo], **baja**
niedrig
→ Gana un sueldo bajo. – *Er / Sie hat ein niedriges Einkommen.*

corto ['korto], **corta**
kurz
→ La cuerda es demasiado corta. – *Die Leine ist zu kurz.*

cuadrado [kwa'ðraðo], **cuadrada**
quadratisch
→ La mesa del comedor es cuadrada. – *Der Esszimmertisch ist quadratisch.*

delgado [del'ɣaðo], **delgada**
schlank
→ Ana es una chica guapa y delgada. – *Ana ist ein hübsches, schlankes Mädchen.*

estrecho [es'tretʃo], **estrecha**
eng; schmal
→ La falda es demasiado estrecha. – *Der Rock ist zu eng.*

gordo ['gorðo], **gorda**
dick
→ Está demasiado gordo para su edad. – *Er ist zu dick für sein Alter.*

grande ['gran̪de]
groß
→ Vivimos en una ciudad grande. – *Wir leben in einer großen Stadt.*

largo ['larɣo], **larga**
lang
→ Necesito una cuerda larga para atar el equipaje. – *Ich brauche eine lange Schnur, um das Gepäck festzubinden.*

pequeño [pe'keɲo], **pequeña**
klein
→ Vivo en un piso pequeño con dos habitaciones. – *Ich lebe in einer kleinen Zwei-Zimmer-Wohnung.*

plano ['plano], **plana**
flach
→ La superficie de la mesa es plana. – *Der Tisch ist flach.*

profundo [pro'fun̪do], **profunda**
tief
→ El lago es profundo. – *Der See ist tief.*

recto ['rrekto], **recta**
gerade
→ Trazó una línea recta en el suelo. – *Er / Sie zog eine gerade Linie auf dem Boden.*

redondo [rre'ðon̪do], **redonda**
rund
→ La bola es redonda. – *Die Kugel ist rund.*

ENTSPANNUNG UND SPASS

SPORT UND SPIEL

ENTSPANNUNG UND SPASS

la **afición** [afi'θjon]
das **Hobby**
→ No comparto tu afición por el fútbol. Prefiero el tenis. – *Deine Vorliebe für Fußball teile ich nicht. Ich finde Tennis besser.*

la **broma** ['broma]
der **Scherz**; der **Spaß**
→ Los españoles gastan bromas el 28 de diciembre. – *Am 28. Dezember treiben die Spanier Scherze miteinander.*

caminar [kami'nar]
wandern
→ En otoño me gusta ir a caminar por el bosque. – *Im Herbst gehe ich gern im Wald wandern.*

bailar [bai̯'lar]
tanzen
→ ¿Me permite bailar con usted? – *Darf ich Sie zum Tanz bitten?*

el **baile** ['bai̯le]
der **Tanz**
→ Mi baile favorito es el tango. – *Mein Lieblingstanz ist der Tango.*

cantar [kaṇ'tar]
singen
→ Canta una canción. – *Er / Sie singt ein Lied.*

el **cine** ['θine]
das **Kino**
→ ¿Vamos al cine esta noche? – *Gehen wir heute Abend ins Kino?*

descansar [deskan'sar]
ausruhen
→ Este fin de semana necesito descansar. – *Dieses Wochenende muss ich mich ausruhen.*

divertirse [diβer'tirse]
sich amüsieren
→ ¡Diviértete en la fiesta! – *Amüsiere dich gut auf der Party!*

la **entrada** [eṇ'traða]
die **Eintrittskarte**
→ Tengo dos entradas para el cine. – *Ich habe zwei Eintrittskarten für das Kino.*

jugar [xu'ɣar]
spielen
→ ¿Jugamos a algo? – *Wollen wir etwas spielen?*

leer [le'er]
lesen
→ ¿Has leído el libro que te presté? – *Hast du das Buch gelesen, das ich dir ausgeliehen habe?*

el **libro** ['liβro]
das **Buch**
→ El libro está escrito en italiano. – *Das Buch ist auf Italienisch geschrieben.*

la **música** ['musika]
die **Musik**
→ Le gusta escuchar música clásica. – *Er / Sie hört gern klassische Musik.*

el **paseo** [pa'seo]
der **Spaziergang**
→ Por las noches nos gusta dar un paseo por el barrio. – *Nachts gehen wir gern durchs Viertel spazieren.*

pintar [pin'tar]
malen
→ Ha pintado un paisaje con acuarelas precioso. – *Er/Sie hat eine wunderschöne Aquarelllandschaft gemalt.*

el **tiempo libre**
die **Freizeit**
→ ¿Qué haces en tu tiempo libre? – *Was machst du in deiner Freizeit?*

el **teatro** [te'atro]
das **Theater**

el **ballet** [ba'le]
das **Ballett**

la **ópera** ['opera]
die **Oper**

el **concierto** [kon̩'θjerto]
das **Konzert**

la **caja** ['kaxa]
die **Kasse**

el **programa** [pro'ɣrama]
das **Programm(heft)**

el **actor** [ak'tor]
der **Schauspieler**

la **actriz** [ak'triθ]
die **Schauspielerin**

el **bailarín** [bai̯la'rin]
der **Tänzer**

la **bailarina** [bai̯la'rina]
die **Tänzerin**

la **orquesta** [or'kesta]
das **Orchester**

el / la **cantante** [kan̩'tan̩te
der **Sänger**, die **Sängerin**

la **bicicleta** [biθiˈkleta]
das **Fahrrad**
→ No me gusta andar en bicicleta por la ciudad. – *Ich fahre nicht gern mit dem Fahrrad durch die Stadt.*

el **campeonato mundial**
die **Weltmeisterschaft**
→ El campeonato mundial se celebró en Alemania. – *Die Weltmeisterschaft fand in Deutschland statt.*

el **footing** [ˈfutiŋ]
das **Jogging**
→ Hacemos footing todos los días una hora. – *Wir joggen täglich eine Stunde.*

el **fútbol** [ˈfuðβol]
der **Fußball**
→ Nunca he jugado al fútbol. – *Ich habe nie Fußball gespielt.*

el **juego** [ˈxweɣo]
das **Spiel**
→ Se entretiene mucho con los juegos de mesa. – *Er / Sie spielt gern Brettspiele.*

el **jugador** [xuɣaˈðor], la **jugadora**
der **Spieler,** die **Spielerin**
→ Es un jugador nato. – *Er ist ein geborener Spieler.*

nadar [naˈðar]
schwimmen
→ Me gusta nadar en el mar. – *Ich schwimme gern im Meer.*

participar [partiθiˈpar]
teilnehmen
→ Este año no participo en la competición. – *Dieses Jahr nehme ich nicht an dem Wettbewerb teil.*

la **pelota** [peˈlota]
der **Ball**
→ La pelota salió de la línea, pero el juez lo dio por válido. – *Der Ball war außerhalb der Linie, aber der Linienrichter erklärte ihn für gültig.*

la **portería** [porteˈria]
das **Tor**
→ El balón dio contra la portería. – *Der Ball prallte gegen das Tor.*

IN BEWEGUNG

DER MENSCH

IM BAD

DIE KÖRPERTEILE

DIE SINNE

GESUNDHEIT UND KRANKHEIT

IN BEWEGUNG

andar [aŋ'dar]
gehen; laufen
→ He andado por la ciudad todo el día. – *Ich bin den ganzen Tag durch die Stadt gelaufen.*

correr [ko'rrer]
rennen, laufen
→ ¡No corras tan deprisa! – *Lauf nicht so schnell!*

darse prisa
beeilen
→ ¡Date prisa o llegamos tarde! – *Beeil dich, sonst kommen wir zu spät!*

entrar [eŋ'trar]
hereinkommen
→ Antes de entrar llame a la puerta. – *Klopfen Sie an, bevor Sie hereinkommen.*

estar de pie
stehen
→ No aguanto estar de pie tanto tiempo. – *Ich kann nicht so lange stehen.*

estar sentado
sitzen
→ Estaba sentado delante del televisor. – *Er saß vor dem Fernseher.*

estar tumbado
liegen
→ El perro está tumbado delante de la puerta. – *Der Hund liegt vor der Tür.*

girar [xi'rar]
drehen
→ Al verme giró la cabeza. – *Als er / sie mich sah, drehte er / sie den Kopf weg.*

ir [ir]
gehen
→ Los lunes voy a la piscina. – *Montags gehe ich schwimmen.*

mover [mo'βer]
bewegen
→ Yo sola no puedo mover el armario. – *Allein kann ich den Schrank nicht bewegen.*

pasear [pase'ar]
spazieren gehen
→ Le encanta pasear por el parque. – *Er / Sie geht gern im Park spazieren.*

el **paseo** [pa'seo]
der **Spaziergang**
→ ¿Te apetece dar un paseo? – *Hast du Lust auf einen Spaziergang?*

el **paso** ['paso]
der **Schritt**
→ Da un paso hacia delante. – *Er / Sie macht einen Schritt vorwärts.*

quedarse parado
stehen bleiben
→ Al ver el león se quedó parado. – *Als er / sie den Löwen sah, blieb er / sie stehen.*

sentarse [sen̦'tarse]
sich (hin)setzen
→ ¿Dónde me siento? – *Wo soll ich mich hinsetzen?*

tumbar [tum'bar]
hinlegen
→ Túmbese en la camilla, por favor. – *Legen Sie sich bitte auf die Liege.*

DER MENSCH

el **adulto** [a'ðul̦to], la **adulta**
der **Erwachsene**, die **Erwachsene**
→ La película es para adultos. – *Der Film ist für Erwachsene.*

el **bebé** [be'βe]
das **Baby**
→ El bebé está llorando. – *Das Baby schreit.*

el **chico** ['tʃiko], la **chica**
der **Junge**, das **Mädchen**
→ Mi hermana tiene un chico y una chica. – *Meine Schwester hat einen Jungen und ein Mädchen.*

el **hombre** ['ombre]
der **Mann**
→ El hombre del sombrero es su jefe. – *Der Mann mit dem Hut ist sein Chef.*

la **mujer** [mu'xer]
die **Frau**
→ ¿Has visto a la mujer del vestido blanco? – *Hast du die Frau mit dem weißen Kleid gesehen?*

el **anciano** [an̦'θjano], la **anciana**
der **alte Mann**, die **alte Frau**
→ La anciana pasea por el parque. – *Die alte Frau geht im Park spazieren.*

la **persona** [per'sona]
der **Mensch**
→ Las personas tienen diferentes caracteres. – *Die Menschen haben unterschiedliche Charaktere.*

personalmente [personal'mente]
persönlich
→ Conozco al director personalmente. – *Ich kenne den Direktor persönlich.*

dormir [dor'mir]
schlafen
→ En este colchón no duermo bien. – *Auf dieser Matratze schlafe ich nicht gut.*

dormirse [dor'mirse]
einschlafen
→ No consigo dormirme pronto. – *Ich schaffe es nicht, früher einzuschlafen.*

irse a la cama
schlafen gehen
→ Ya es tarde. Me voy a la cama. – *Es ist schon spät. Ich gehe schlafen.*

la **silla de ruedas**
der **Rollstuhl**
→ Desde que tuvo el accidente va en silla de ruedas. – *Seit dem Unfall sitzt er / sie im Rollstuhl.*

la **vida** ['biða]
das **Leben**
→ La vida es muy corta. – *Das Leben ist sehr kurz.*

IM BAD

afeitar(se) [afei̯ˈtar(se)]
(sich) rasieren
→ Se afeita todas las mañanas. – *Er rasiert sich jeden Morgen.*

el **agua** [ˈaɣwa]
das **Wasser**
→ Cierra el grifo para no malgastar el agua. – *Dreh den Wasserhahn zu, um kein Wasser zu verschwenden.*

bañarse [baˈɲarse]
baden, ein Bad nehmen
→ Es más ecológico ducharse que bañarse. – *Duschen ist umweltfreundlicher als Baden.*

la **bañera** [baˈɲera]
die **Badewanne**
→ Me encanta relajarme en la bañera después de un día estresante. – *Es gefällt mir, mich nach einem stressigen Tag in der Badewanne zu entspannen.*

el **baño** [ˈbaɲo]
das **Bad**
→ El baño está al final del pasillo. – *Das Bad ist am Ende des Flurs.*

el **cepillo de dientes**
die **Zahnbürste**
→ Utilizo un cepillo de dientes eléctrico. – *Ich habe eine elektrische Zahnbürste.*

el **cepillo (del pelo)**
[θeˈpiʎo]
die **(Haar)bürste**
→ No uso cepillo. Me peino el pelo con los dedos. – *Ich benutze keine Bürste. Ich kämme mir das Haar mit den Fingern.*

el **cuarto de baño**
das **Badezimmer**
→ El cuarto de baño es genial: tiene ventana al exterior y bañera. – *Das Badezimmer ist toll: Es hat ein Fenster nach draußen und eine Badewanne.*

la **ducha** [ˈdutʃa]
die **Dusche**
→ Me voy a dar una ducha. *Ich gehe duschen.*

ducharse [duˈtʃarse]
sich duschen
→ Siempre me ducho con agua fría. – *Ich dusche immer kalt.*

el **espejo** [es'pexo]
der **Spiegel**
→ ¡Qué pinta traes! ¿No te has mirado hoy en el espejo? – *Wie siehst du denn aus! Hast du heute nicht in den Spiegel gesehen?*

el **jabón** [xa'βon]
die **Seife**
→ Mi abuela usaba siempre jabón con olor a espliego. – *Meine Oma verwendete immer Seife mit Lavendelduft.*

lavarse [la'βarse]
sich waschen
→ Lávate las manos antes de comer. – *Wasch dir vor dem Essen die Hände.*

la **pasta dentífrica**
die **Zahnpasta**
→ Esta pasta dentífrica sabe mal. – *Diese Zahnpasta schmeckt schlecht.*

peinar(se) [pei̯'nar(se)]
(sich) kämmen
→ Antes de salir de casa, péinate un poco. – *Kämm dich ein wenig, bevor du aus dem Haus gehst.*

el **peine** ['pei̯ne]
der **Kamm**
→ Te desenredas mejor el cabello con el peine. – *Du kämmst dir die Haare besser mit dem Kamm durch.*

secar(se) [se'kar(se)]
(sich) abtrocknen
→ ¿Tienes un secador para que me seque el pelo? – *Hast du einen Föhn, damit ich mir die Haare trocknen kann?*

el **servicio** [ser'βiθjo]
die **Toilette**
→ El servicio está al fondo del pasillo a la derecha. – *Die Toilette ist am Ende des Flurs rechts.*

la **toalla** [to'aʎa]
das **Handtuch**
→ La toalla está mojada. – *Das Handtuch ist nass.*

DIE KÖRPERTEILE

la **barba** [ˈbarβa]
der **Bart**
→ Mi padre tiene barba. – *Mein Vater hat einen Bart.*

la **barriga** [baˈrriɣa]
der **Bauch**
→ Me duele la barriga. – *Ich habe Bauchschmerzen.*

la **boca** [ˈboka]
der **Mund**
→ Abre la boca y cierra los ojos. – *Mund auf, Augen zu!*

el **brazo** [ˈbraθo]
der **Arm**
→ Me rompí un brazo esquiando. – *Beim Skifahren habe ich mir den Arm gebrochen.*

la **cabeza** [kaˈβeθa]
der **Kopf**
→ Me duele la cabeza. – *Ich habe Kopfschmerzen.*

la **cara** [ˈkara]
das **Gesicht**
→ Su cara me recuerda a alguien. – *Sein / Ihr Gesicht erinnert mich an jemanden.*

el **cuello** [ˈkweʎo]
der **Hals**
→ El cisne tiene el cuello largo y delgado. – *Der Schwan hat einen langen, schlanken Hals.*

el **cuerpo** [ˈkwerpo]
der **Körper**
→ Los nadadores tienen un cuerpo atlético. – *Die Schwimmer haben einen athletischen Körper.*

el **dedo** [ˈdeðo]
der **Finger**
→ En la mano izquierda le falta un dedo. – *An der linken Hand fehlt ihm / ihr ein Finger.*

el **diente** [ˈdjen̩te]
der **Zahn**
→ Desde que fuma no tiene los dientes blancos. – *Seit er / sie raucht, sind seine / ihre Zähne nicht mehr weiß.*

la **espalda** [esˈpal̩da]
der **Rücken**
→ Todas las noches hago ejercicios para la espalda. – *Jeden Abend mache ich Rückengymnastik.*

la **mano** [ˈmano]
die **Hand**
→ Le saludó dándole la mano. – *Er / Sie gab ihm zur Begrüßung die Hand.*

la nariz [na'riθ]
die Nase
→ Cuando nado no respiro por la nariz. – *Beim Schwimmen atme ich nicht durch die Nase.*

el ojo ['oxo]
das Auge
→ ¿De qué color tienes los ojos? – *Was hast du für eine Augenfarbe?*

la oreja [o'rexa]
das Ohr
→ El elefante tiene orejas muy grandes. – *Der Elefant hat sehr große Ohren.*

el pelo ['pelo]
das Haar
→ Tengo el pelo largo. – *Ich habe lange Haare.*

el pie [pje]
der Fuß
→ El zapato no me cabe en el pie. – *Der Schuh ist zu klein für meinen Fuß.*

la pierna ['pjerna]
das Bein
→ La bailarina tiene las piernas muy largas. – *Die Tänzerin hat sehr lange Beine.*

la rodilla [rro'ðiʎa]
das Knie
→ Me he hecho daño en la rodilla. – *Ich habe mich am Knie verletzt.*

la sangre ['saŋgre]
das Blut
→ El paciente ha perdido sangre. – *Der Patient hat Blut verloren.*

DIE SINNE

oír [o'ir]
hören
→ No te oigo bien, habla más alto. – *Ich höre dich nicht gut, sprich lauter.*

el oído [o'iðo]
das Gehör
→ Tener un buen oído. – *Ein gutes Gehör haben.*

ver [ber]
sehen
→ ¿Has visto la exposición? – *Hast du die Ausstellung gesehen?*

mirar [mi'rar]
schauen, gucken
→ Mira qué fotos he hecho. – *Schau mal, was ich für Fotos gemacht habe.*

oler [o'ler]
riechen
→ El jersey huele a tabaco. – *Der Pullover riecht nach Zigarettenrauch.*

el **olor** [o'lor]
der **Geruch**
→ El olor de la tierra mojada. – *Der Geruch der nassen Erde.*

saber [sa'βer]
schmecken
→ ¿A qué sabe la papaya? – *Wonach schmeckt eine Papaya?*

reconocer [rrekono'θer]
erkennen
→ He visto a Rosa por la calle, pero ella no me ha reconocido. – *Ich habe Rosa auf der Straße gesehen, aber sie hat mich nicht erkannt.*

el **ruido**[1] ['rrwiðo]
das **Geräusch**
→ Me gusta escuchar los ruidos del bosque. – *Ich höre gern den Geräuschen des Waldes zu.*

el **ruido**[2] ['rrwiðo]
der **Lärm**
→ ¡No hagas tanto ruido que vas a despertar a los vecinos! – *Mach nicht solchen Lärm, sonst weckst du die Nachbarn!*

soñar [so'ɲar]
träumen
→ He soñado contigo. – *Ich habe von dir geträumt.*

el **sueño** ['sweɲo]
der **Traum**
→ He tenido un sueño extraño. – *Ich hatte einen merkwürdigen Traum.*

la **tranquilidad** [traŋkili'ðað]
die **Ruhe**
→ Para trabajar bien necesito tranquilidad. – *Um gut zu arbeiten, brauche ich Ruhe.*

tranquilo [traŋ'kilo], **tranquila**
ruhig
→ El bebé dormía tranquilo. – *Das Baby schlief ruhig.*

GESUNDHEIT UND KRANKHEIT

la **alergia** [aˈlerxia]
die **Allergie**
→ Tengo alergia al polen. – *Ich habe eine Pollenallergie.*

la **ayuda** [aˈɟuða]
die **Hilfe**
→ Necesito ayuda para solucionar el problema. – *Ich brauche Hilfe, um das Problem zu lösen.*

ayudar [aɟuˈðar]
helfen
→ ¿Me ayudas a cargar las cajas? – *Hilfst du mir, die Kisten zu tragen?*

caerse [kaˈerse]
(hin)fallen
→ El niño se ha caído de la cama. – *Das Kind ist aus dem Bett gefallen.*

el **comprimido** [kompriˈmiðo]
die **Tablette**
→ Tiene que tomar un comprimido a la semana. – *Sie müssen eine Tablette pro Woche einnehmen.*

el **dentista** [den̪ˈtista], la **dentista**
der **Zahnarzt,** die **Zahnärztin**
→ Deberías ir al dentista cada seis meses. – *Du solltest alle sechs Monate zum Zahnarzt gehen.*

el **dolor** [doˈlor]
der **Schmerz**
→ El dolor era cada vez más intenso. – *Die Schmerzen wurden immer schlimmer.*

el **dolor de cabeza**
die **Kopfschmerzen**
→ Tengo un dolor de cabeza terrible. – *Ich habe schreckliche Kopfschmerzen.*

el **dolor de muelas**
die **Zahnschmerzen**
→ Desde hace dos días tengo dolor de muelas. – *Seit zwei Tagen habe ich Zahnschmerzen.*

la **enfermedad** [eɱfermeˈðað]
die **Krankheit**
→ ¿Ha tenido alguna enfermedad grave? – *Hatte er / sie irgendeine schwere Krankheit?*

el **enfermero** [eɱferˈmero], la **enfermera**
der **Krankenpfleger,** die **Krankenschwester**
→ La enfermera me puso una inyección. – *Die Krankenschwester gab mir eine Spritze.*

enfermo [eŋ'fermo], **enferma**
krank
→ Siempre está enfermo. – *Er ist ständig krank.*

la **farmacia** [far'maθja]
die **Apotheke**
→ ¿Hay una farmacia por aquí cerca? – *Gibt es eine Apotheke hier in der Nähe?*

la **gripe** ['gripe]
die **Grippe**
→ Mis tres hijos tienen gripe. – *Meine drei Kinder haben Grippe.*

herir [e'rir]
verletzen
→ El disparo lo hirió en el brazo. – *Der Schuss verletzte ihn am Arm.*

el **hospital** [ospi'tal]
das **Krankenhaus**
→ Llevaron al enfermo urgentemente al hospital. – *Der Kranke wurde eilends ins Krankenhaus gebracht.*

matar [ma'tar]
töten
→ Lo mataron en la guerra. – *Er wurde im Krieg getötet.*

la **medicina** [meði'θina]
die **Medizin**
→ Estudio medicina. – *Ich studiere Medizin.*

el **médico** ['meðiko], la **médica**
der **Arzt**, die **Ärztin**
→ El médico me ha recetado unas pastillas. – *Der Arzt hat mir Tabletten verschrieben.*

morir [mo'rir]
sterben
→ El actor de cine murió a los noventa años. – *Der Filmschauspieler starb im Alter von neunzig Jahren.*

muerto ['mwerto], **muerta**
tot
→ En el bosque he visto un ciervo muerto. – *Im Wald habe ich einen toten Hirsch gesehen.*

ocurrir [oku'rrir]
geschehen
→ ¿Qué ha ocurrido? – *Was ist geschehen?*

el **paciente** [pa'θjente], la **paciente**
der **Patient**, die **Patientin**
→ Todos los pacientes se quejan del trato de esa enfermera. – *Alle Patienten beklagen sich darüber, wie diese Krankenschwester sie behandelt.*

el peligro [pe'liɣro]
die **Gefahr**
→ Tras la operación el enfermo está fuera de peligro. – *Nach der Operation ist der Kranke außer Gefahr.*

peligroso [peli'ɣroso], **peligrosa**
gefährlich
→ La carretera de la costa es muy peligrosa. – *Die Küstenstraße ist sehr gefährlich.*

los primeros auxilios
die **Erste Hilfe**
→ He hecho un cursillo de primeros auxilios. – *Ich habe einen Erste-Hilfe-Kurs gemacht.*

el problema [pro'βlema]
das **Problem**
→ Me ha contado todos sus problemas de salud. – *Er / Sie hat mir von allen seinen / ihren Gesundheitsproblemen erzählt.*

proteger [prote'xer]
schützen
→ Protege a sus hijos del peligro. – *Er / Sie schützt seine / ihre Kinder vor Gefahren.*

la receta [rre'θeta]
das **(Arzneimittel)rezept**
→ Me he olvidado la receta en la consulta del médico. – *Ich habe das Rezept in der Arztpraxis vergessen.*

el resfriado [rresfri'aðo]
die **Erkältung**
→ Tengo un resfriado enorme. – *Ich habe eine fürchterliche Erkältung.*

la salud [sa'luð]
die **Gesundheit**
→ Mi abuelo tiene buena salud. – *Mein Opa erfreut sich guter Gesundheit.*

sano ['sano], **sana**
gesund
→ La verdura es sana. – *Gemüse ist gesund.*

tener cuidado
aufpassen
→ Ten cuidado al cruzar la calle. – *Pass auf, wenn du über die Straße gehst.*

ÜBER GEFÜHLE SPRECHEN

POSITIVE GEFÜHLE

NEGATIVE GEFÜHLE

decir palabrotas
fluchen
→ Suele decir palabrotas todo el día. – *Er / Sie flucht ständig.*

desear [dese'ar]
wünschen
→ ¿Qué desea? – *Sie wünschen?*

desgraciadamente [desɣraθjaða'mente]
leider
→ Desgraciadamente hemos cancelado la reserva. – *Leider haben wir die Buchung storniert.*

¡Perdón!
Entschuldigung!

¡Lo siento en el alma!
Das tut mir sehr leid!

Me parece (muy) bien.
Das finde ich (sehr) gut.

¡Qué fastidio!
Das ist aber ärgerlich!

¡Con mucho gusto!
Sehr gern!

Gracias, es muy amable de su parte.
Danke, das ist sehr nett von Ihnen.

esperar [espe'rar]
hoffen
→ Espero verte pronto. – *Ich hoffe, dich bald zu sehen.*

gritar [gri'tar]
schreien
→ ¡Deja de gritar! – *Hör auf zu schreien!*

ojalá [oxa'la]
hoffentlich
→ Ojalá llegue antes de que empiece el concierto. – *Hoffentlich kommt er / sie, bevor das Konzert anfängt.*

quejarse [ke'xarse]
sich beschweren
→ Siempre se queja de la comida. – *Er / Sie beschwert sich immer über das Essen.*

sentir [sen'tir]
fühlen
→ Sentí alegría al verlo de nuevo. – *Ich habe mich gefreut, als ich ihn wiedersah.*

tranquilizarse [traŋkili'θarse]
sich beruhigen
→ Estás muy nervioso. Tienes que tranquilizarte. – *Du bist sehr nervös. Du musst dich beruhigen.*

POSITIVE GEFÜHLE

agradable [aɣraˈðaβle]
angenehm
→ Nuestra visita ha sido muy agradable. – *Unser Aufenthalt war sehr angenehm.*

alegrarse [aleˈɣrarse]
sich freuen
→ Me alegro de volver a verte. – *Ich freue mich, dich wiederzusehen.*

alegre [aˈleɣre]
fröhlich
→ Es una chica muy alegre; siempre está de buen humor. – *Sie ist ein sehr fröhliches Mädchen und immer gut gelaunt.*

la **alegría** [aleˈɣria]
die **Freude**
→ Nos vamos de vacaciones a Cuba. ¡Qué alegría! – *Wir fliegen in den Urlaub nach Kuba. Ich freue mich sehr!*

amar [aˈmar]
lieben
→ La amo tanto que no puedo separarme de ella. – *Ich liebe sie so sehr, dass ich mich nicht von ihr trennen kann.*

el **amor** [aˈmor]
die **Liebe**
→ Sentir amor por alguien. – *Jemanden lieben.*

la **compasión**
das **Mitleid**
→ El jefe tuvo compasión y no lo despidió del trabajo. – *Der Chef hatte Mitleid und kündigte ihm nicht.*

contento [kon̪ˈten̪to], **contenta**
zufrieden
→ Nos han subido el sueldo. Estamos muy contentos. – *Unser Lohn wurde erhöht. Wir sind sehr zufrieden.*

disfrutar [disfruˈtar]
genießen
→ Hemos disfrutado muchísimo de las vacaciones. – *Wir haben die Ferien sehr genossen.*

la **diversión** [diβerˈsjon]
der **Spaß**
→ No me estropees la diversión con tus comentarios. – *Verdirb mir nicht den Spaß mit deinen Kommentaren.*

enamorado [enamo'raðo], **enamorada**
verliebt
→ Está enamorado de una chica española. – *Er ist in ein Mädchen aus Spanien verliebt.*

encantador [eŋkan̪ta'ðor], **encantadora**
herrlich
→ Pasamos una velada encantadora. – *Wir haben einen herrlichen Abend verbracht.*

feliz [fe'liθ]
glücklich
→ Desde que le conozco soy feliz. – *Seit ich ihn kenne, bin ich glücklich.*

maravilloso [maraβi'ʎoso], **maravillosa**
wunderbar
→ Fue una excursión maravillosa. – *Es war ein wunderbarer Ausflug.*

querer [ke'rer]
lieben
→ Te quiero. – *Ich liebe dich.*

reír(se) [rre'ir(se)]
lachen, sich amüsieren
→ Se rio con ganas del chiste. – *Er / Sie lachte herzhaft über den Witz.*

la **sonrisa** [son'rrisa]
das **Lächeln**
→ Su sonrisa es atrayente. – *Er / Sie hat ein anziehendes Lächeln.*

la **sorpresa** [sor'presa]
die **Überraschung**
→ ¡Qué sorpresa! – *Was für eine Überraschung!*

la **suerte** ['swerte]
das **Glück**
→ Tener suerte en el juego. – *Glück im Spiel haben.*

NEGATIVE GEFÜHLE

aburrido [aβuˈrriðo], **aburrida**
langweilig
→ Esta película es bastante aburrida. – *Dieser Film ist ziemlich langweilig.*

asustarse [asusˈtarse]
erschrecken
→ Al oír el ruido me asusté. – *Ich habe mich erschrocken, als ich den Lärm hörte.*

la **culpa** [ˈkulpa]
die **Schuld**
→ No ha sido culpa tuya. – *Es war nicht deine Schuld.*

descontento [deskon̪ˈten̪to], **descontenta**
unzufrieden
→ Estoy descontento con mi trabajo: mucho estrés y poco sueldo. – *Ich bin unzufrieden mit meiner Arbeit: viel Stress und wenig Gehalt.*

entadarse [eɱfaˈðarse]
sich ärgern
→ ¿Por qué te has enfadado? – *Warum hast du dich geärgert?*

el **esfuerzo** [esˈfwerθo]
die **Mühe**
→ Llegamos a la meta con mucho esfuerzo. – *Unter großer Mühe kamen wir ans Ziel.*

horrible [oˈrriβle]
schrecklich
→ Ha sido una experiencia horrible. – *Es war eine schreckliche Erfahrung.*

llorar [ʎoˈrar]
weinen
→ Cuando oyó la noticia se echó a llorar. – *Als er / sie die Nachricht hörte, fing er / sie an zu weinen.*

el **miedo** [ˈmjeðo]
die **Angst**
→ No tengo miedo a la oscuridad. – *Ich habe keine Angst im Dunkeln.*

molestar [molesˈtar]
stören, ärgern
→ Apaga la radio. Me molesta la música tan alta. – *Mach das Radio aus. So laute Musik stört mich.*

ocuparse [oku'parse]
sorgen
→ Se ocupa de su familia. – *Er sorgt für seine Familie.*

odiar [o'ðjar]
hassen
→ Odio lavar los platos. – *Ich hasse Geschirrspülen.*

la **rabia** ['rraβja]
die **Wut**
→ Cuando se enfada no puede contener la rabia. – *Wenn er / sie sich ärgert, kann er / sie seine / ihre Wut nicht unterdrücken.*

solo ['solo]
allein
→ Hoy me quedo solo en casa. – *Heute bleibe ich allein zu Hause.*

temer [te'mer]
fürchten
→ El gato teme al perro. – *Die Katze fürchtet sich vor dem Hund.*

terrible [te'rriβle]
furchtbar
→ El accidente ha sido terrible. – *Es war ein furchtbarer Unfall.*

KOCHEN, BACKEN UND VERZEHREN

LEBENSMITTEL

GETRÄNKE

IM RESTAURANT

KOCHEN, BACKEN UND VERZEHREN

cocinar [koθiˈnar]
kochen
→ A mi marido le encanta cocinar. – *Mein Mann kocht gerne.*

la **receta** [rreˈθeta]
das **Rezept**
→ ¿Qué ingredientes lleva la receta del gazpacho? – *Welche Zutaten stehen in dem Gazpacho-Rezept?*

asado [aˈsaðo], **asada**
gebraten
→ Me gustan las castañas asadas. – *Ich liebe gebratene Kastanien.*

el **fuego** [ˈfweɣo]
das **Feuer**
→ Deja cocer la sopa durante unos 5 minutos a fuego lento. – *Lass die Suppe 5 Minuten bei schwacher Hitze kochen.*

batería ≠ Batterie

Fabian geht neue Batterien für seine Fernbedienung kaufen. Im Einkaufszentrum fragt er: „Perdone, ¿dónde puedo encontrar baterías?" Der Verkäufer beschreibt den Weg zur Abteilung und Fabian bedankt sich. Aber als er dort ist, sieht er nur Kochtöpfe. Irritiert fragt Fabian erneut einen Verkäufer: „Perdone, estoy buscando baterías y me han mandado aquí." Der Verkäufer glaubt, dass eine Verwechslung vorliegt. „Lo siento" – sagt der Verkäufer – „pero lo que tiene alrededor son, en efecto, baterías de cocina... ¿para qué necesita sus ‚baterías' exactamente?" Fabian lächelt und sagt: „Para mi mando a distancia." „Ah, entonces tiene que ir a la sección de electrodomésticos", erwidert der Verkäufer. Der Verkäufer erklärt Fabian, dass auf Spanisch Batterie meistens **pila** heißt.

la **comida** [koˈmiða]
das **Essen,**
das **Mittagessen**
→ Me encanta la comida china. – *Ich mag chinesisches Essen.*

comer [koˈmer]
essen
→ Comer fruta y verdura es muy sano. – *Obst und Gemüse zu essen, ist sehr gesund.*

el **desayuno** [desaˈɟuno]
das **Frühstück**
→ En el desayuno tomo café y zumo. – *Zum Frühstück trinke ich Kaffee und Saft.*

el **almuerzo** [alˈmwerθo]
das **Mittagessen**
→ El almuerzo se toma a mediodía. – *Das Mittagessen ist gegen zwölf Uhr.*

la **cena** [ˈθena]
das **Abendessen**
→ La cena ya está lista. – *Das Abendessen ist schon fertig.*

el **plato** [ˈplato]
der **Teller;** die **Untertasse**
→ Pon en la mesa platos hondos para la sopa y llanos para la tortilla. – *Stell tiefe Teller für die Suppe auf den Tisch und flache Teller für die Tortilla.*

la **cuchara** [kuˈtʃara]
der **Löffel**
→ La sopa se toma con cuchara. – *Suppe isst man mit dem Löffel.*

la **cucharilla** [kutʃaˈriʎa]
der **Teelöffel**
→ ¿Cuántas cucharillas de azúcar quieres en el café? ¿Una o dos? – *Wie viele Teelöffel Zucker möchtest du im Kaffee? Einen oder zwei?*

el **tenedor** [teneˈðor]
die **Gabel**
→ Come la verdura con tenedor. – *Iss das Gemüse mit der Gabel.*

el **cuchillo** [kuˈtʃiʎo]
das **Messer**
→ El cuchillo no corta bien. – *Das Messer schneidet nicht gut.*

el **hambre** [ˈambre]
der **Hunger**
→ No tengo hambre. – *Ich habe keinen Hunger.*

hambriento [amˈbrjento]**, hambrienta**
hungrig
→ Lleva hambriento todo el día. – *Er ist schon den ganzen Tag hungrig.*

lleno ['ʎeno], **llena**
satt
→ No puedo comer más. Estoy lleno. – *Ich kann nichts mehr essen. Ich bin satt.*

rico ['rriko], **rica**
lecker
→ El postre está muy rico. – *Der Nachtisch ist sehr lecker.*

el **trozo** ['troθo]
das **Stück**
→ Corta tres trozos de queso. – *Schneide drei Stück Käse ab.*

la **rebanada (de pan)** [rreβa'naða]
die (Brot)scheibe
→ Para desayunar tomo una rebanada de pan con aceite de oliva. – *Zum Frühstück nehme ich eine Scheibe Brot mit Olivenöl.*

sobrante [so'βran̩te]
übrig
→ Los trozos sobrantes se tiran. – *Die übrigen Stücke werden weggeworfen.*

el **resto** ['rresto]
der **Rest**
→ He metido el resto de la comida en el congelador. – *Ich habe den Rest vom Essen ins Gefrierfach getan.*

el **aceite (de oliva)** [aˈθei̯te]
das **(Oliven)öl**
→ En España se aliña siempre la ensalada con aceite (de oliva), vinagre y sal. – *In Spanien macht man den Salat immer mit (Oliven)öl, Essig und Salz an.*

afilado [afiˈlaðo], **afilada**
scharf
→ El cuchillo está afilado. – *Das Messer ist scharf.*

el **caramelo** [karaˈmelo]
der **Bonbon**
→ Los caramelos te van a estropear los dientes. – *Die Bonbons werden dir die Zähne kaputtmachen.*

la **carne** [ˈkarne]
das **Fleisch**
→ Comemos carne tres veces a la semana. – *Wir essen dreimal pro Woche Fleisch.*

la **carne de cerdo**
das **Schweinefleisch**
→ Esta carne de cerdo es muy tierna. – *Dieses Schweinefleisch ist sehr zart.*

la **carne de ternera**
das **Kalbfleisch**
→ Solo come carne de ternera. – *Er / Sie isst nur Kalbfleisch.*

el **chocolate** [tʃokoˈlate]
die **Schokolade**
→ No me gusta nada el chocolate negro. – *Dunkle Schokolade mag ich überhaupt nicht.*

cortar [korˈtar]
schneiden
→ Corta el jamón con el cuchillo. – *Er / Sie schneidet den Schinken mit einem Messer.*

dulce [ˈdul̪θe]
süß
→ La tarta está demasiado dulce. – *Die Torte ist zu süß.*

la **fresa** [ˈfresa]
die **Erdbeere**
→ Fuimos a recolectar fresas para hacer una tarta. – *Wir gingen Erdbeeren sammeln, um einen Kuchen zu machen.*

la **fruta** [ˈfruta]
das **Obst**
→ La fruta tiene muchas vitaminas. – *Obst enthält viele Vitamine.*

el **helado** [eˈlaðo]
das **Eis**
→ El helado de fresa no me gusta. – *Ich mag kein Erdbeereis.*

la **leche** [ˈletʃe]
die **Milch**
→ El bebé toma leche todos los días. – *Das Baby trinkt jeden Tag Milch.*

la **lechuga** [leˈtʃuɣa]
der **Salat**
→ La lechuga tiene muchas vitaminas. – *Salat hat viele Vitamine.*

el **limón** [liˈmon]
die **Zitrone**
→ Como hacía calor, tomé un sorbete de limón. – *Weil es heiß war, habe ich ein Zitronensorbet genommen.*

la **manzana** [man̦ˈθana]
der **Apfel**
→ Estas manzanas no están maduras. – *Diese Äpfel sind nicht reif.*

la **naranja** [naˈraŋxa]
die **Orange**
→ Estas naranjas tienen muchísimo zumo. – *Diese Orangen enthalten sehr viel Saft.*

el **pan** [pan]
das **Brot**
→ Me gusta untar el pan con mantequilla. – *Ich mag Brot mit Butter.*

el **panecillo** [paneˈθiʎo]
das **Brötchen**
→ He comprado panecillos para desayunar. – *Ich habe Brötchen zum Frühstück gekauft.*

el **pastel** [pasˈtel]
der **Kuchen**
→ Mi madre ha preparado un pastel de chocolate. – *Meine Mutter hat einen Schokoladenkuchen gebacken.*

la **patata** [paˈtata]
die **Kartoffel**
→ Hace una tortilla de patata. – *Er / Sie macht eine Kartoffelomelette.*

la **pera** [ˈpera]
die **Birne**
→ Me encantan las peras cocidas en vino. – *Ich mag in Wein gekochte Birnen.*

el **pescado** [pesˈkaðo]
der **Fisch**
→ ¿Te gusta el pescado frito? – *Magst du gebackenen Fisch?*

picante [piˈkan̦te]
scharf
→ La salsa está demasiado picante. – *Die Soße ist zu scharf.*

el **plátano** [ˈplatano]
die **Banane**
→ Siempre tomo un plátano a media mañana. – *Vormittags esse ich immer eine Banane.*

probar [proˈβar]
probieren
→ Prueba la salsa. Está buenísima. – *Probiere mal die Soße. Sie ist ausgezeichnet.*

el **queso** [ˈkeso]
der **Käse**
→ El queso español más conocido es el manchego. – *Der bekannteste spanische Käse ist der Manchego.*

la **sal** [sal]
das **Salz**
→ A la sopa le falta sal. – *In der Suppe fehlt Salz.*

la **salchicha** [salˈtʃitʃa]
die **Wurst**
→ Las salchichas saben mejor con mostaza. – *Die Würstchen schmecken besser mit Senf.*

el **tomate** [toˈmate]
die **Tomate**
→ Corta unos tomates para la ensalada. – *Schneide ein paar Tomaten für den Salat.*

la **verdura** [berˈðura]
das **Gemüse**
→ De primer plato hay verdura. – *Als ersten Gang gibt es Gemüse.*

GETRÄNKE

el **agua** [ˈaɣwa]
das **Wasser**
→ Esta agua está fría. – *Das Wasser hier ist kalt.*

el **agua mineral**
das **Mineralwasser**
→ Hemos pedido un agua mineral con gas / sin gas para beber. – *Zu trinken bestellten wir ein Mineralwasser mit / ohne Kohlensäure.*

beber [beˈβer]
trinken
→ No bebo cerveza. – *Ich trinke kein Bier.*

la **bebida** [beˈβiða]
das **Getränk**
→ Solo tomo bebidas sin alcohol. – *Ich trinke nur alkoholfreie Getränke.*

el **batido** [ba'tiðo]
der **Milchshake**

el **café cortado**
der **Espresso mit wenig aufgeschäumter Milch**

el **café solo**
der **Espresso**

el **café con hielo**
der **Espresso, serviert mit einem Glas Eiswürfel**

el **café con leche**
der **Milchkaffee**

la **horchata** [or'tʃata]
die **Erdmandelmilch**

el **zumo de fruta** ['θumo]
der **Fruchtsaft**

bebido [be'βiðo], **bebida**
betrunken
→ En la fiesta algunos invitados estaban bebidos. – *Auf dem Fest waren einige Gäste betrunken.*

la **botella** [bo'teʎa]
die **Flasche**
→ ¿Abrimos una botella de vino para cenar? – *Machen wir zum Abendessen eine Flasche Wein auf?*

el **café** [ka'fe]
der **Kaffee**
→ Yo siempre tomo el café con leche. – *Ich trinke meinen Kaffee immer mit Milch.*

la **cerveza** [θer'βeθa]
das **Bier**
→ Me gusta mucho la cerveza. – *Ich trinke sehr gerne Bier.*

la **copa** ['kopa]
das **(Wein)glas**
→ He roto una copa. – *Ich habe ein Glas zerschlagen.*

el **jugo** ['xuɣo]
der **Saft**
→ Quisiera un jugo de naranjas exprimidas. – *Ich hätte gerne einen frisch gepressten Orangensaft.*

lleno ['ʎeno], **llena**
voll
→ El vaso está lleno. – *Das Glas ist voll.*

el **refresco** [rre'fresko]
das **Erfrischungsgetränk**
→ ¿Me pone un refresco de naranja? – *Geben Sie mir eine Orangenlimonade?*

la **sed** [seð]
der **Durst**
→ Con tanto calor tengo mucha sed. – *Bei der Hitze habe ich großen Durst.*

la taza ['taθa]
die **Tasse**
→ Después de comer tomamos una taza de té. – *Nach dem Essen trinken wir eine Tasse Tee.*

el vaso ['baso]
das **Glas**
→ Los vasos están dentro del armario. – *Die Gläser sind im Schrank.*

el vino ['bino]
der **Wein**
→ El vino tinto no me sienta bien. – *Rotwein vertrage ich nicht.*

el zumo ['θumo]
der **Saft**
→ Quiero beber un zumo de naranja. – *Ich möchte einen Orangensaft trinken.*

IM RESTAURANT

el bar [bar]
die **Kneipe**
→ En el bar de la esquina sirven tapas. – *In der Kneipe an der Ecke gibt es Tapas.*

la cafetería [kafete'ria]
die **Cafeteria**; das **Café**
→ Hicimos la pausa en la cafetería de enfrente. – *Wir machten die Pause in der Cafeteria gegenüber.*

el camarero [kama'rero], **la camarera**
der **Kellner**, die **Kellnerin**
→ Camarero, ¡la cuenta por favor! – *Kellner, die Rechnung bitte!*

la carta ['karta]
die **Speisekarte**
→ En la carta los precios tienen el IVA incluido. – *Die Preise in der Speisekarte sind inklusive Mehrwertsteuer angegeben.*

la cuenta ['kwenta]
die **Rechnung**
→ Pídele la cuenta al camarero y nos vamos. – *Bitte den Kellner um die Rechnung, und dann gehen wir.*

el menú [me'nu]
das **Menü**;
die **Speisekarte**
→ Este restaurante tiene menús a muy buen precio. – *In diesem Restaurant gibt es Menüs zu sehr günstigen Preisen.*

pedir [pe'ðir]
bestellen
→ Hemos pedido un agua mineral. – *Wir haben ein Mineralwasser bestellt.*

la **porción** [por'θjon]
die **Portion**
→ Las porciones de este restaurante son enormes. – *In diesem Restaurant sind die Portionen riesig.*

la **propina** [pro'pina]
das **Trinkgeld**
→ Como nos atendió también, le dejamos a la camarera una buena propina. – *Da sie uns auch bediente, gaben wir der Kellnerin ein gutes Trinkgeld.*

recomendar [rrekomen̩'dar]
empfehlen
→ ¿Qué me recomiendas para comer? – *Was empfiehlst du mir zum Essen?*

el **restaurante** [rrestau̯'ran̩te]
das **Restaurant**
→ Pararemos a comer en un restaurante. – *Wir machen eine Pause, um in einem Restaurant etwas zu essen.*

servir [ser'βir]
bedienen
→ Durante la comida nos sirvieron tres camareros. – *Bei dem Essen wurden wir von drei Kellnern bedient.*

tomar(se) [to'marse]
zu sich nehmen
→ Ayer nos tomamos unos vinos al salir del trabajo. – *Gestern haben wir nach der Arbeit noch ein paar Gläser Wein getrunken.*

GUT ANGEZOGEN

SCHUHE UND ACCESSOIRES

GUT ANGEZOGEN

el **abrigo** [a'βriɣo]
der **Mantel**
→ Tengo un abrigo de piel carísimo. - *Ich habe einen sehr teuren Pelzmantel.*

el **agujero** [aɣu'xero]
das **Loch**
→ ¡Mi camiseta favorita tiene un agujero! - *Mein Lieblingsshirt hat ein Loch!*

la **americana** [ameri'kana]
der **Sakko**
→ Esa americana te queda muy bien. - *Der Sakko steht dir sehr gut.*

la **blusa** ['blusa]
die **Bluse**
→ La blusa te está muy angosta. - *Die Bluse ist dir viel zu eng.*

la **camisa** [ka'misa]
das **Hemd**
→ La camisa está sucia. - *Das Hemd ist schmutzig.*

la **camiseta** [kami'seta]
das **T-Shirt**
→ Me he comprado esta camiseta para hacer deporte. - *Ich habe mir dieses T-Shirt für den Sport gekauft.*

saco ≠ Sakko

Jenny will Felipe, ihrem spanischen Freund, dabei helfen, die passende Kleidung für eine Party am Abend zu finden. Das Hemd haben sie schon ausgesucht, dazu will er seine neue Jeans anziehen. Jenny ist jedoch der Meinung, dass er sich ein bisschen eleganter anziehen könnte. „¿Por qué no llevas un saco a la fiesta?, - sagt sie - creo que quedaría elegante y original con los tejanos?“ Felipe lächelt innerlich, er hat die Verwechslung verstanden, aber will Jenny auf den Arm nehmen: „Original seguro, pero elegante... no creo, ¿estás segura de que debería llevar un “saco” puesto? ¿De patatas o mejor de cebollas?“ Jenny hat endlich verstanden, dass sie das deutsche Wort Sakko mit dem spanischen Wort saco verwechselt hat, das Sack bedeutet. „Está bien - scherzt sie zurück - supongo que es mejor llevar una americana en vez de un saco puesto...“.

la chaqueta [tʃa'keta]
die Jacke
→ Esta chaqueta no da calor. – *Diese Jacke hält nicht warm.*

cómodo ['komoðo], **cómoda**
bequem
→ Para viajar me gusta llevar ropa cómoda. – *Wenn ich reise, trage ich gern bequeme Kleidung.*

corto ['korto], **corta**
kurz
→ Su madre se enfadó con ella porque llevaba una falda muy corta. – *Ihre Mutter wurde böse auf sie, weil sie einen sehr kurzen Rock trug.*

elegante [ele'ɣante]
schick
→ Es una mujer muy elegante. – *Sie ist eine sehr schicke Frau.*

el estilo [es'tilo]
der Stil
→ Me gusta su estilo. *Sein / Ihr Stil gefällt mir.*

la falda ['falda]
der Rock
→ Nunca me pongo falda. – *Ich ziehe nie einen Rock an.*

incómodo [iŋ'komoðo], **incómoda**
unbequem
→ Estos zapatos son incomodísimos. Casi no puedo andar. – *Diese Schuhe sind schrecklich unbequem. Ich kann kaum laufen.*

el jersey [xer'sei̯]
der Pullover
→ Este jersey de lana lo he calcetado yo mismo. – *Diesen Wollpullover habe ich selbst gestrickt.*

largo ['larɣo], **larga**
lang
→ Se puso un vestido largo para ir a la fiesta. *Sie zog sich ein langes Kleid für das Fest an.*

llevar [ʎe'βar]
tragen
→ En el trabajo tengo que llevar corbata. – *Bei der Arbeit muss ich eine Krawatte tragen.*

nuevo ['nweβo], **nueva**
neu
→ Este vestido es nuevo. – *Dieses Kleid ist neu.*

el **pantalón** [paṇta'lon]
die **Hose**
→ Mi hermana siempre lleva pantalones. – *Meine Schwester trägt immer Hosen.*

la **ropa** ['rropa]
die **Kleidung**
→ He ido a comprar ropa a las rebajas. – *Ich bin im Schlussverkauf Kleidung kaufen gegangen.*

la **talla** ['taʎa]
die **Größe**
→ ¿Qué talla usas? ¿La 38 o la 40? – *Welche Konfektionsgröße hast du? 38 oder 40?*

el **traje** ['traxe]
der **Anzug**
→ Me he comprado un traje muy elegante. – *Ich habe mir einen sehr eleganten Anzug gekauft.*

valer [ba'ler]
passen
→ Los zapatos no me valen. Me quedan grandes. – *Die Schuhe passen mir nicht. Sie sind mir zu groß.*

los **vaqueros** [ba'keros]
die **Jeans**
→ Los vaqueros no son cómodos. – *Die Jeans ist unbequem.*

el **vestido** [bes'tiðo]
das **Kleid**
→ Este vestido te sienta fenomenal. – *Dieses Kleid steht dir großartig.*

vestirse [bes'tirse]
sich anziehen
→ ¡Vístete deprisa! – *Zieh dich schnell an!*

el **anillo** [aˈniʎo]
der **Ring**
→ Mi marido me ha regalado un anillo de brillantes. – *Mein Mann hat mir einen Brillantring geschenkt.*

el **arete** [aˈrete]
der **Ohrring**
→ Tienen una buena selección de aretes en esta joyería. – *Sie haben eine gute Auswahl an Ohrringen bei diesem Juwelier*

el **bolso** [ˈbolso]
die **Handtasche**
→ Me he dejado el bolso en el coche. – *Ich habe die Handtasche im Auto vergessen.*

la **bota** [ˈbota]
der **Stiefel**
→ Está lloviendo. Me voy a poner las botas de goma. – *Es regnet. Ich werde mir die Gummistiefel anziehen.*

la **bufanda** [buˈfan̪da]
der **Schal**
→ Mi abuela me ha regalado una bufanda. – *Meine Großmutter hat mir einen Schal geschenkt.*

el **calcetín** [kal̪θeˈtin]
die **Socke**
→ En verano no uso calcetines. – *Im Sommer trage ich keine Socken.*

el **cinturón** [θin̪tuˈron]
der **Gürtel**
→ He adelgazado y ahora necesito ponerme los pantalones con cinturón. – *Ich habe abgenommen und muss meine Hosen jetzt mit Gürtel tragen.*

el **collar** [koˈʎar]
die **(Hals)kette**
→ La duquesa llevaba un collar de perlas de siete vueltas. – *Die Herzogin trug ein siebenreihiges Perlencollier.*

la **corbata** [korˈβata]
die **Krawatte**
→ Le regalé a mi padre una corbata a juego con su nueva camisa. – *Ich habe meinem Vater eine Krawatte geschenkt, die zu seinem neuen Hemd passt.*

las **gafas** [ˈgafas]
die **Brille**
→ ¿Usas gafas? – *Trägst du eine Brille?*

las **gafas de sol**
die **Sonnenbrille**
→ En verano siempre uso gafas de sol. – *Im Sommer trage ich immer eine Sonnenbrille.*

el **guante** ['gwaṇte]
der **Handschuh**
→ Tengo las manos heladas y eso que llevo guantes. – *Ich habe eiskalte Hände, und das obwohl ich Handschuhe trage.*

el **pañuelo** [pa'ɲwelo]
das **Taschentuch;**
das **Tuch**
→ Llevaba en el cuello un pañuelo de seda precioso. – *Er / Sie trug um den Hals ein wunderschönes Seidentuch.*

el **par** [par]
das **Paar**
→ Me he comprado este par de guantes para la nieve. – *Ich habe mir dieses Paar Handschuhe für den Schnee gekauft.*

el **paraguas** [pa'raɣwas]
der **Regenschirm**
→ Coge un paraguas que está lloviendo. – *Nimm einen Schirm mit, es regnet.*

el **pendiente** [peṇ'djeṇte]
der **Ohrring**
→ Lleva tres pendientes en cada oreja. – *Sie hat drei Ohrringe in jedem Ohr.*

el **reloj** [rre'lox]
die **Uhr**
→ Lleva un reloj de oro valiosísimo. – *Er / Sie trägt eine sehr wertvolle goldene Armbanduhr.*

el **sombrero** [som'brero]
der **Hut**
→ Con tanto sol necesito un sombrero. – *Bei so starker Sonne brauche ich einen Hut.*

el **zapato** [θa'pato]
der **Schuh**
→ Usa zapatos de tacón. – *Sie trägt Schuhe mit Absätzen.*

EINKAUFEN

BEZAHLEN

EINKAUFEN

abierto [a'βjerto], **abierta**
offen
→ Los domingos no hay ningún supermercado abierto. – *Sonntags hat kein Supermarkt geöffnet.*

la **bolsa** ['bolsa]
die **Tüte**
→ Ahora en la tienda ya no dan gratis las bolsas de plástico. – *Die Plastiktüten sind in dem Geschäft jetzt nicht mehr gratis.*

la **carnicería** [karniθe'ria]
die **Metzgerei**
→ Trabaja en la carnicería de su padre. – *Er / Sie arbeitet in der Metzgerei seines / ihres Vaters.*

el centro comercial
das **Kaufhaus**
→ El centro comercial está abierto hasta las diez. – *Das Kaufhaus hat bis zehn geöffnet.*

el **comercio** [ko'merθjo]
der **Laden**
→ En este comercio se puede pagar con tarjeta. – *In diesem Laden kann man mit Karte zahlen.*

la **compra** [kom'pra]
der **Einkauf**
→ Siempre ayudo a mi abuela a hacer las compras. – *Ich helfe meiner Großmutter immer bei den Einkäufen.*

comprar [kom'prar]
kaufen
→ Nunca salgo a comprar los sábados. – *Samstags gehe ich nie einkaufen.*

la **droguería** [droɣe'ria]
die **Drogerie**
→ En mi barrio no hay droguería. – *In meinem Stadtviertel gibt es keine Drogerie.*

el **mercado** [mer'kaðo]
der **Markt**
→ El pescado siempre lo compro en el mercado. – *Den Fisch kaufe ich immer auf dem Markt.*

la **panadería** [panaðe'ria]
die **Bäckerei**
→ El pan de esta panadería es muy bueno. – *Diese Bäckerei macht sehr gutes Brot.*

el **panadero** [pana'ðero], **panadera**
der **Bäcker**
→ Mi padre es panadero. – *Mein Vater ist Bäcker.*

pedir [peˈðir]
bestellen
→ He pedido los libros por internet. – *Ich habe die Bücher im Internet bestellt.*

el **precio** [ˈpreθjo]
Preis
→ He comprado la blusa sin mirar el precio. – *Ich habe die Bluse gekauft, ohne auf den Preis zu achten.*

subir [suˈβir]
steigen (Preise)
→ La gasolina ha subido. – *Das Benzin ist teurer geworden.*

el **supermercado** [supermerˈkaðo]
der **Supermarkt**
→ Voy a comprar al supermercado. – *Ich gehe in den Supermarkt einkaufen.*

BEZAHLEN

el **banco** [ˈbaŋko]
die **Bank**
→ ¿Me puedes prestar un poco de dinero? Es que ahora no puedo ir al banco. – *Kannst du mir etwas Geld leihen? Ich kann jetzt nicht zur Bank gehen.*

barato [baˈrato], **barata**
billig, günstig
→ Ha sido una compra barata. – *Es war ein günstiger Kauf.*

el **billete** [biˈʎete]
der **Geldschein**
→ Solo tengo un billete de cinco euros. – *Ich habe nur einen Fünf-Euro-Schein.*

la **caja** [ˈkaxa]
die **Kasse**
→ La compra se paga en la caja. – *Man bezahlt den Einkauf an der Kasse.*

cambiar [kamˈbjar]
ändern; wechseln
→ ¿Me puede cambiar este billete en monedas? – *Können Sie mir diesen Schein in Münzen wechseln?*

caro [ˈkaro], **cara**
teuer
→ El hotel ha sido caro. – *Das Hotel war teuer.*

costar [kosˈtar]
kosten
→ ¿Cuánto cuesta esta revista? – *Was kostet diese Zeitschrift?*

dar [dar]
geben
→ Le he dado dinero para la compra. – *Ich habe ihm / ihr Geld zum Einkaufen gegeben.*

el **dinero** [di'nero]
das **Geld**
→ El dinero no da la felicidad. – *Geld macht nicht glücklich.*

en efectivo [en efek'tiβo]
(in) bar
→ ¿Va a realizar el pago en efectivo o con tarjeta? – *Zahlen Sie bar oder mit Karte?*

firmar [fir'mar]
unterschreiben
→ ¿Dónde tengo que firmar? – *Wo muss ich unterzeichnen?*

gastar [gas'tar]
ausgeben
→ Este mes no puedo gastar mucho dinero. – *Diesen Monat kann ich nicht viel Geld ausgeben.*

los **gastos** ['gastos]
die **Kosten**
→ Con dos hijos tenemos muchos gastos. – *Mit zwei Kindern haben wir hohe Kosten.*

la **moneda** [mo'neða]
die **Münze**
→ ¿Tienes una moneda de un euro? – *Hast du eine Ein-Euro-Münze?*

el **monedero** [mone'ðero]
das **Portemonnaie**
→ No puedo pagar porque no llevo monedero. – *Ich kann nicht zahlen, weil ich kein Portemonnaie dabei habe.*

pagar [pa'ɣar]
bezahlen
→ Aún no he pagado todas las facturas. – *Ich habe noch nicht alle Rechnungen bezahlt.*

la **tarjeta (de crédito)** [tar'xeta]
die **Kreditkarte**
→ ¿Se puede pagar aquí con tarjeta? – *Kann man hier mit Karte zahlen?*

la **tasa** ['tasa]
die **Gebühr**
→ Este año han subido las tasas de matrícula. – *Dieses Jahr wurden die Immatrikulationsgebühren erhöht.*

la **vuelta** ['bwelta]
das **Wechselgeld**
→ Le he dejado al camarero la vuelta de propina. – *Ich habe dem Kellner das Wechselgeld als Trinkgeld gegeben.*

AKTIVITÄTEN IM ALLTAG

MEIN ZUHAUSE

abrir [a'βrir]
öffnen
→ No puedo abrir la lata de sardinas. – *Ich kann die Sardinenbüchse nicht öffnen.*

apagado [apa'ɣaðo], **apagada**
ausgeschaltet
→ El televisor está apagado. – *Der Fernseher ist ausgeschaltet.*

apagar [apa'ɣar]
ausschalten
→ Apaga la radio, por favor. – *Schalte bitte das Radio aus.*

apretar [apre'tar]
drücken
→ Este cinturón aprieta. – *Dieser Gurt drückt.*

buscar [bus'kar]
suchen
→ He buscado el pendiente por todos los sitios. – *Ich habe den Ohrring überall gesucht.*

cerrar [θe'rrar]
schließen; abschließen
→ No has cerrado bien la ventana. – *Du hast das Fenster nicht richtig zugemacht.*

colocar [kolo'kar]
hinstellen
→ Colocó el florero en la mesa. – *Er / Sie stellte die Vase auf den Tisch.*

dejar caer
fallen lassen
→ Ha dejado caer una taza de porcelana china. – *Er / Sie hat eine Tasse aus chinesischem Porzellan fallen lassen.*

dejar entrar
hereinlassen
→ ¡No dejes entrar al perro en casa! – *Lass den Hund nicht ins Haus herein!*

emplear [emple'ar]
gebrauchen
→ Este aparato no lo empleamos nunca. – *Dieses Gerät gebrauchen wir nie.*

encender [en̦θen̦'der]
einschalten
→ ¿Puedes encender la luz del pasillo? – *Kannst du das Licht im Flur einschalten?*

encendido [en̦θen̦'diðo], **encendida**
eingeschaltet
→ La luz del pasillo está encendida. – *Das Licht im Flur ist eingeschaltet.*

encontrar [eŋkon̪ˈtrar]
finden
→ No encuentro el otro calcetín. – *Ich kann den anderen Strumpf nicht finden.*

lavar [1] [laˈβar]
spülen
→ Hoy me toca lavar los platos. – *Heute bin ich an der Reihe, das Geschirr zu spülen.*

lavar [2] [laˈβar]
waschen
→ Utilizo un detergente ecológico para lavar la ropa. – *Ich benutze ein umweltverträgliches Waschmittel, um die Wäsche zu waschen.*

limpiar [limˈpjar]
reinigen
→ La casa está por limpiar. – *Das Haus muss noch geputzt werden.*

blanco ≠ blank

Hanna ärgert sich, dass ihre Ohrringe dunkel geworden sind. Die Ohrringe aus Silber und schwarzem Onyx liegen ihr besonders am Herzen, da sie ein Geschenk ihrer Oma sind. Sie bringt sie zu einem Juwelier, um sie reinigen zu lassen. „Buenos días" - sagt Hanna, als sie den Laden betritt - „quiero que me limpien estos pendientes y que los dejen blancos." Die Dame im Juwelierladen sieht Hanna ein wenig verwundert an, und meint: „Lo siento, pero la piedra del onix no se puede cambiar de color. Podríamos ponerle a los pendientes otra piedra, si quiere."
Hanna sieht die Dame ebenso verwundert an, und sagt, während sie auf den Ladentisch zeigt: „No, solo quiero que los limpien, los quiero blancos y relucientes como esos de ahí." „Ah, comprendo - sagt die Dame - los quieres limpiar y que queden brillantes y relucientes, ¿no?" Hanna wird leicht rot und nickt, jetzt versteht sie die Verwechslung. Blanco bedeutet im Spanischen die Farbe weiß.

llamar a la puerta
anklopfen
→ Alguien ha llamado a la puerta ahora mismo. – *Es hat gerade jemand angeklopft.*

llamar al timbre
klingeln
→ ¿Quién llama? – *Wer ist da?*

llenar [ʎe'nar]
füllen
→ Lleno una jarra de agua. – *Ich fülle eine Kanne mit Wasser.*

mudarse (de casa) [mu'ðarse]
umziehen
→ Me he mudado a Madrid y echo de menos el mar. – *Ich bin nach Madrid gezogen und vermisse das Meer.*

necesitar [neθesi'tar]
brauchen
→ Necesito dinero. – *Ich brauche Geld.*

olvidar [olβi'ðar]
vergessen
→ ¡Qué mal huele! Se han vuelto a olvidar de sacar la basura. – *Wie das stinkt! Sie haben schon wieder vergessen, den Müll hinauszubringen.*

perder [per'ðer]
verlieren
→ Ha perdido el reloj y no sabe dónde. – *Er / Sie hat seine / ihre Uhr verloren und weiß nicht, wo.*

sujetar [suxe'tar]
halten
→ ¿Puedes sujetar el otro extremo de la cuerda? – *Kannst du das andere Ende der Leine halten?*

tirar [ti'rar]
ziehen
→ Si tiras de la tela se va a romper. – *Wenn du an dem Stoff ziehst, reißt er.*

usar [u'sar]
benutzen
→ ¿Puedo usar tu teléfono? – *Kann ich dein Telefon benutzen?*

vivir [bi'βir]
leben, wohnen
→ Vivimos juntos desde hace un mes. – *Wir leben seit einem Monat zusammen.*

MEIN ZUHAUSE

acogedor [akoxe'ðor]
gemütlich
→ Tu salón es muy acogedor. – *Dein Wohnzimmer ist sehr gemütlich.*

la **alfombra** [al'fombra]
der **Teppich**
→ Ha comprado una alfombra persa preciosa para el salón. – *Er / Sie hat einen wertvollen Perserteppich fürs Wohnzimmer gekauft.*

el **armario** [ar'marjo]
der **Kleiderschrank**
→ En el dormitorio hay un armario grande. – *Im Schlafzimmer steht ein großer Kleiderschrank.*

el **ascensor** [asθen'sor]
der **Fahrstuhl**
→ El ascensor no funciona. Use las escaleras. – *Der Fahrstuhl funktioniert nicht. Benutzen Sie die Treppen.*

el **ascensor** [asθen'sor]
der **Aufzug**
→ Mi casa no tiene ascensor. – *In meinem Haus gibt es keinen Aufzug.*

el **baño** [1] ['baɲo]
das **Bad**
→ Me voy a dar un baño. – *Ich gehe baden.*

el **baño** [2] ['baɲo]
das **WC**
→ Por favor, ¿dónde está el baño? – *Wo ist das WC, bitte?*

la **basura** [ba'sura]
der **Abfall**
→ Tira la basura al contenedor. – *Wirf den Abfall in den Container.*

la **cama** ['kama]
das **Bett**
→ Me voy a la cama. – *Ich gehe ins Bett.*

la **casa** ['kasa]
das **Haus**
→ La casa de mis padres tiene dos plantas. – *Das Haus meiner Eltern hat zwei Stockwerke.*

la **cocina** [1] [ko'θina]
die **Küche**
→ Para cocinar a gusto necesito una cocina grande. – *Um richtig kochen zu können, brauche ich eine große Küche.*

la **cocina**[2] [ko'θina]
der **Herd**
→ La cazuela está en la cocina. – *Der Topf ist auf dem Herd.*

el **cuadro** ['kwaðro]
das **Bild**
→ El cuadro está mal colgado. – *Das Bild hängt schlecht.*

el **cuarto de baño**
das **Badezimmer**
→ La casa tiene tres cuartos de baño. – *Das Haus hat drei Badezimmer.*

el **dormitorio** [dormi'torjo]
das **Schlafzimmer**
→ El dormitorio da a la calle y es muy ruidoso. – *Das Schlafzimmer liegt zur Straße hin und ist sehr laut.*

la **ducha** ['dutʃa]
die **Dusche**
→ Resbaló en la ducha y se rompió una pierna. – *Er / Sie ist in der Dusche ausgerutscht und hat sich ein Bein gebrochen.*

eléctrico [e'lektriko], **eléctrica**
elektrisch
→ La máquina funciona con energía eléctrica. – *Der Apparat funktioniert mit Elektrizität.*

en casa
zu Hause
→ Tengo un piano en casa, pero no lo sé tocar. – *Ich habe ein Klavier zu Hause, kann aber nicht spielen.*

la **escalera** [eska'lera]
die **Treppe**
→ El primer y el segundo piso están unidos por una escalera. – *Der erste und der zweite Stock sind durch eine Treppe verbunden.*

el **escritorio** [eskri'torjo]
der **Schreibtisch**
→ Te he dejado los informes encima del escritorio. – *Ich habe dir die Berichte auf den Schreibtisch gelegt.*

la **estantería** [estante'ria]
das **Regal**
→ Pon estos libros en la estantería. – *Stell diese Bücher ins Regal.*

el **frigorífico** [friɣo'rifiko]
der **Kühlschrank**
→ No queda comida en el frigorífico. – *Im Kühlschrank ist nichts mehr zu essen.*

la **habitación** [aβita'θjon]
das **Zimmer,** die **Wohnung**
→ Comparto habitación con una chica extranjera. – *Ich teile das Zimmer mit einem Mädchen aus dem Ausland.*

la **lámpara** ['lampara]
die **Lampe**
→ No me gusta la lámpara que cuelga del techo. – *Die Lampe, die an der Zimmerdecke hängt, gefällt mir nicht.*

la **llave** ['ʎaβe]
der **Schlüssel**
→ Las llaves están dentro del cajón. – *Die Schlüssel sind in der Schublade.*

la **luz** [luθ]
das **Licht**
→ Enciende la luz, por favor. – *Schalte bitte das Licht an.*

la **máquina** ['makina]
die **Maschine**
→ Han instalado una máquina nueva en la fábrica. – *In der Fabrik wurde eine neue Maschine aufgestellt.*

la **mesa** ['mesa]
der **Tisch**
→ En el comedor hay una mesa de cristal. – *Im Esszimmer steht ein Glastisch.*

la **pared** [pa'reð]
die **Wand**
→ Tiraron la pared para ampliar la habitación. – *Sie haben die Wand eingerissen, um das Zimmer zu vergrößern.*

el **piso** [1] ['piso]
das **Stockwerk**
→ Vivo en el quinto piso. – *Ich wohne im fünften Stock.*

el **piso** [2] ['piso]
die **Wohnung**
→ Estoy buscando piso. – *Ich suche gerade eine Wohnung.*

la **puerta** ['pwerta]
die **Tür**
→ Cuando salgas cierra la puerta. – *Mach die Tür zu, wenn du weggehst.*

roto ['rroto], **rota**
kaputt
→ La cafetera no funciona. Está rota. – *Die Kaffeemaschine funktioniert nicht. Sie ist kaputt.*

el **salón** [sa'lon]
das **Wohnzimmer**
→ El salón tiene veinte metros cuadrados. – *Das Wohnzimmer hat zwanzig Quadratmeter.*

la **silla** ['siʎa]
der **Stuhl**
→ La pata de la silla está rota. – *Bei dem Stuhl ist ein Bein abgebrochen.*

el **sillón** [si'ʎon]
der **Sessel**
→ El sillón es viejo, pero comodísimo. – *Der Sessel ist alt, aber sehr bequem.*

el **sofá** [so'fa]
das **Sofa**
→ Se sentó a leer en el sofá. – *Er / Sie setzte sich aufs Sofa, um zu lesen.*

la **ventana** [ben'tana]
das **Fenster**
→ Abre la ventana para airear la habitación. – *Öffne das Fenster, um das Zimmer zu lüften.*

NATUR & UMWELT

WALD UND FELD

TIERE UND PFLANZEN

WETTER UND KLIMA

DIE JAHRESZEITEN

DIE HIMMELSRICHTUNGEN

WALD UND FELD

el **árbol** [ˈarβol]
der **Baum**
→ La casa está rodeada de árboles. – *Das Haus ist von Bäumen umgeben.*

la **arena** [aˈrena]
der **Sand**
→ La casa está a pocos metros de la playa de arena. – *Das Haus ist wenige Meter vom Sandstrand entfernt.*

el **bosque** [ˈboske]
der **Wald**
→ En otoño el bosque está lleno de setas. – *Im Herbst gibt es im Wald viele Pilze.*

el **campo** [ˈkampo]
das **Feld**
→ Castilla está cubierta de campos de trigo. – *Kastilien ist bedeckt von Weizenfeldern.*

el **lago** [ˈlaɣo]
der **See**
→ La cabaña estaba a la orilla de un lago. – *Die Hütte lag an einem See.*

el **mar** [mar]
das **Meer**
→ La casa de mis padres tiene vistas al mar. – *Vom Haus meiner Eltern aus kann man das Meer sehen.*

la **montaña** [monˈtaɲa]
der **Berg**
→ ¿Cuál es la montaña más alta de Europa? – *Welches ist der höchste Berg Europas?*

el **paisaje** [pai̯ˈsaxe]
die **Landschaft**
→ El paisaje en el norte de España es muy verde. – *Die Landschaft im Norden Spaniens ist sehr grün.*

la **piedra** [ˈpjeðra]
der **Stein**
→ Los chicos juegan tirando piedras al río. – *Die Kinder werfen beim Spielen Steine in den Fluss.*

la **playa** [ˈplaɟa]
der **Strand**
→ Las dunas de la playa son zona protegida. – *Die Dünen am Strand sind Naturschutzgebiet.*

el **río** [ˈrrio]
der **Fluss**
→ El río recorre el país de norte a sur. – *Der Fluss geht quer durch das Land von Norden nach Süden.*

TIERE UND PFLANZEN

el **animal** [ani'mal]
das **Tier**
→ No me gusta tener animales en casa. – *Ich mag es nicht, Tiere im Haus zu haben.*

el **caballo** [ka'βaʎo]
das **Pferd**
→ Me gustan las carreras de caballos. – *Ich mag Pferderennen.*

la **cabra** ['kaβra]
die **Ziege**
→ Mi abuela hace quesos con leche de cabra. – *Meine Großmutter macht Käse aus Ziegenmilch.*

el **cerdo** ['θerðo]
das **Schwein**
→ El cerdo es un animal doméstico. – *Das Schwein ist ein Haustier.*

crecer [kre'θer]
wachsen
→ Esta planta crece muy deprisa. – *Diese Pflanze wächst sehr schnell.*

la **flor** [flor]
die **Blume**
→ Tengo flores en el balcón. – *Ich habe Blumen auf dem Balkon.*

el **gato** ['gato]
die **Katze**
→ Soy alérgico a los gatos. – *Ich bin allergisch gegen Katzen.*

el **pájaro** ['paxaro]
der **Vogel**
→ Tiene una jaula con pájaros. – *Er / Sie hält Vögel in einem Käfig.*

el **perro** ['perro]
der **Hund**
→ ¿De qué raza es tu perro? – *Was für einen Hund hast du?*

el **pez** [peθ]
der **Fisch**
→ Juan tiene un acuario con peces. – *Juan hat ein Aquarium mit Fischen.*

la **planta** ['planta]
die **Pflanze**
→ El parque de la ciudad tiene muchas plantas exóticas. – *Im Stadtpark gibt es zahlreiche exotische Pflanzen.*

la **vaca** ['baka]
die **Kuh**
→ Las vacas están ya en el establo. – *Die Kühe sind schon im Stall.*

WETTER UND KLIMA

el **aire** ['ai̯re]
die **Luft**
→ ¿Salimos a tomar el aire? – *Gehen wir hinaus, um etwas frische Luft zu schnappen?*

ascender [asθen̩'der]
steigen
→ El termómetro ha ascendido un grado. – *Die Temperatur ist um ein Grad gestiegen.*

caliente [ka'ljen̩te]
heiß; warm
→ El siroco es un viento caliente que viene del norte de África. – *Der Schirokko ist ein warmer Wind, der aus Nordafrika kommt.*

el **cielo** ['θjelo]
der **Himmel**
→ El cielo tenía un color azul intenso. – *Der Himmel war tiefblau.*

fresco ['fresko], **fresca**
frisch
→ Tomar aire fresco sienta muy bien. – *Frische Luft tut sehr gut.*

el **frío** ['frio]
Kälte
→ Hace frío. – *Es ist kalt.*

frío ['frio], **fría**
kalt
→ Hace sol, pero viene un viento muy frío. – *Die Sonne scheint, aber es kommt sehr kalter Wind auf.*

llover [ʎo'βer]
regnen
→ Empezó a llover y no tenía paraguas. – *Es fing an zu regnen und ich / er / sie hatte keinen Schirm.*

la **lluvia** ['ʎuβja]
der **Regen**
→ Les gusta pasear bajo la lluvia. – *Sie gehen gerne im Regen spazieren.*

nevar [ne'βar]
schneien
→ Nevó mucho y las carreteras quedaron cortadas. – *Es schneite viel und die Straßen waren blockiert.*

la **nieve** ['njeβe]
der **Schnee**
→ Este invierno ha caído poca nieve. – *Diesen Winter hatten wir wenig Schnee.*

la **nube** [ˈnuβe]
die **Wolke**
→ Las nubes cubren el cielo. – *Die Wolken bedecken den Himmel.*

permanecer [permaneˈθer]
bleiben
→ El tiempo permanece estable. – *Das Wetter bleibt stabil.*

seco [ˈseko], **seca**
trocken
→ El desierto de Atacama es muy seco. Nunca llueve allí. – *Die Atacamawüste ist sehr trocken. Es regnet dort nie.*

el **sol** [sol]
die **Sonne**
→ Esta planta necesita mucho sol. – *Diese Pflanze braucht viel Sonne.*

el **tiempo** [ˈtjempo]
das **Wetter**
→ Hoy el tiempo está más frío que ayer. – *Heute ist das Wetter kälter als gestern.*

el **viento** [ˈbjen̩to]
der **Wind**
→ El viento sopla fuerte. – *Es weht ein kräftiger Wind.*

DIE JAHRESZEITEN

la **estación del año**
die **Jahreszeit**
→ La primavera es la estación del año más bonita. – *Der Frühling ist die schönste Jahreszeit.*

la **primavera** [prima'βera]
der **Frühling**
→ En primavera siempre tengo problemas por mi alergia al polen. – *Im Frühjahr habe ich immer Probleme wegen meiner Pollenallergie.*

el **verano** [be'rano]
der **Sommer**
→ El verano lo paso en mi casa de la playa. – *Den Sommer verbringe ich in meinem Strandhaus.*

el **otoño** [o'toɲo]
der **Herbst**
→ En otoño celebramos la fiesta de la vendimia. – *Im Herbst feiern wir das Weinfest.*

el **invierno** [im'bjerno]
der **Winter**
→ Este invierno nos vamos a esquiar a los Pirineos. – *Diesen Winter fahren wir in die Pyrenäen zum Skilaufen.*

DIE HIMMELSRICHTUNGEN

el **Norte** ['norte]
der **Norden**
→ El barco se dirige al Norte. – *Das Schiff fährt nach Norden.*

el **Este** ['este]
der **Osten**
→ El edificio está orientado hacia el Este. – *Das Gebäude ist nach Osten ausgerichtet.*

el **Sur** [sur]
der **Süden**
→ Viajamos en dirección al Sur. – *Wir fahren Richtung Süden.*

el **Oeste** [o'este]
der **Westen**
→ Ávila está en el Oeste. – *Avila liegt im Westen.*

ORT UND RICHTUNG

DIE UHRZEIT

DIE TAGESZEITEN

DIE WOCHENTAGE

DIE MONATE

WEITERE ZEITBEGRIFFE

ORT UND RICHTUNG

a [a]
nach
→ Me voy a casa. – *Ich gehe nach Hause.*

a la derecha
rechts
→ A la derecha está la catedral. – *Rechts ist die Kathedrale.*

a la izquierda
links
→ En la próxima calle gira a la izquierda. – *Bei der nächsten Querstraße musst du links abbiegen.*

abajo [aˈβaxo]
unten
→ Te espero abajo. – *Ich warte unten auf dich.*

acá [aˈka]
hier
→ ¡Ven acá! – *Komm her!*

afuera [aˈfwera]
draußen
→ Salgamos afuera un momento. – *Gehen wir für einen Moment nach draußen.*

ahí [aˈi]
da
→ ¿Están ahí mis gafas? – *Liegt meine Brille da irgendwo?*

al lado [al ˈlaðo]
neben
→ Al lado del parque hay un quiosco. – *Neben dem Park ist ein Kiosk.*

allí [aˈʎi]
dort
→ Tu coche está aparcado allí. – *Dein Auto steht dort.*

aquí [aˈki]
hier
→ Aquí está lo que buscabas. – *Hier ist das, was du gesucht hast.*

arriba [aˈrriβa]
oben; darüber
→ El vecino vive arriba. – *Der Nachbar wohnt oben.*

cerca [ˈθerka]
nah(e)
→ La biblioteca está cerca del museo. – *Die Bibliothek ist nahe beim Museum.*

de dónde
woher
→ ¿De dónde vienes tan tarde? – *Woher kommst du so spät?*

de regreso
zurück
→ ¿Cuándo está de regreso? – *Wann ist er / sie zurück?*

debajo [de'βaxo]
unter
→ Debajo de la cama hay polvo. – *Unter dem Bett liegt Staub.*

dentro ['dentro]
drinnen
→ Aquí tienes la bolsa; el paquete está dentro. – *Hier hast du die Tasche; das Paket ist drinnen.*

derecho [de'retʃo], **derecha**
rechte(r, s)
→ Está sordo del oído derecho. – *Er ist auf dem rechten Ohr taub.*

detrás [de'tras]
hinten
→ Detrás hay una fila de coches. – *Hinten ist eine Autoschlange.*

detrás de
hinter
→ Detrás del jardín tenemos un garaje. – *Hinter dem Garten haben wir eine Garage.*

la **dirección** [direɣ'θjon]
die **Richtung**
→ ¿En qué dirección va el viento? – *Aus welcher Richtung weht der Wind?*

en [en]
an, auf
→ Me he dado un golpe en el dedo. – *Ich habe mir auf den Finger gehauen.*

en casa de
bei
→ Me quedaré a dormir en casa de Ana. – *Ich werde bei Ana übernachten.*

en todos los sitios
überall
→ En todos los sitios hay gente. – *Überall sind Leute.*

enfrente [eɱ'frente]
gegenüber
→ Enfrente de mi casa hay una cafetería. – *Gegenüber von meinem Haus ist eine Cafeteria.*

la **entrada** [en'traða]
der **Eingang**
→ Te espero en la entrada del comercio. – *Ich warte am Eingang des Geschäfts auf dich.*

la **esquina** [es'kina]
die **Ecke**
→ La panadería está ahí mismo en la esquina. – *Die Bäckerei ist gleich hier an der Ecke.*

fuera [ˈfwera]
draußen
→ La llamaron de fuera. – *Jemand rief sie von draußen.*

izquierdo [iθˈkjerðo], **izquierda**
linke(r, s)
→ Escribo con la mano izquierda. – *Ich schreibe mit der linken Hand.*

lejos [ˈlexos]
weit
→ La playa no está lejos. – *Es ist nicht weit zum Strand.*

el **lugar** [luˈɣar]
der **Ort**
→ Viven en un lugar con mucho bosque. – *Sie leben an einem Ort, an dem es viel Wald gibt.*

el **medio** [ˈmeðjo]
die **Mitte**
→ El perro estaba en el medio de la calle. – *Der Hund war mitten auf der Straße.*

recto [ˈrrekto]
geradeaus
→ Tienes que seguir recto hasta llegar a la plaza. – *Du musst immer geradeaus gehen, bis du zu dem Platz kommst.*

la **salida** [saˈliða]
der **Ausgang**
→ ¿Dónde está la salida del edificio? – *Wo ist der Ausgang aus diesem Gebäude?*

sobre [ˈsoβre]
auf
→ Deja el libro sobre la mesa. – *Leg das Buch auf den Tisch.*

DIE UHRZEIT

a la(s) [aˈla(s)]
um
→ Hemos quedado a las tres en la plaza. – *Wir sind um drei Uhr auf dem Platz verabredet.*

el **cuarto** [ˈkwarto]
das **Viertel**
→ Es la una y / menos cuarto. – *Es ist Viertel nach / vor eins.*

el despertador [desperta'ðor]
der **Wecker**
→ He puesto el despertador a las ocho. – *Ich habe den Wecker auf acht Uhr gestellt.*

despertarse [desper'tarse]
aufwachen
→ El bebé se ha despertado. – *Das Baby ist aufgewacht.*

en punto [en 'punto]
Punkt ..., genau (um) ...
→ El tren llega a las cinco en punto. – *Der Zug kommt um Punkt fünf Uhr an.*

la hora ['ora]
die **Stunde**
→ He esperado una hora en la cola. – *Ich habe eine Stunde lang Schlange gestanden.*

levantarse [leβan'tarse]
aufstehen
→ Por las mañanas me levanto a las ocho. – *Morgens stehe ich um acht Uhr auf.*

medio ['meðjo], **media**
halb
→ Es la una y media. – *Es ist halb zwei (Uhr).*

menos ['menos]
vor (Uhrzeit)
→ Son las dos menos veinte. – *Es ist zwanzig vor zwei.*

el minuto [mi'nuto]
die **Minute**
→ Llega con cinco minutos de retraso. – *Er / Sie kommt fünf Minuten zu spät.*

el reloj [rre'lox]
die **Uhr**
→ El reloj da las doce. – *Die Uhr schlägt zwölf.*

el segundo [se'ɣundo]
die **Sekunde**
→ El atleta corrió los 100 m lisos en menos de 10 segundos. – *Der Leichtathlet lief den 100-Meter-Lauf in weniger als 10 Sekunden.*

el tiempo ['tjempo]
die **Zeit**
→ No tengo tiempo para ver la tele. – *Ich habe keine Zeit zum Fernsehen.*

y [i]
und
→ Ahora son las nueve y diez. – *Jetzt ist es zehn nach neun.*

DIE TAGESZEITEN

la **mañana** [1] [maˈɲana]
der **Morgen**
→ La mañana estaba fresca. – *Es war ein kühler Morgen.*

la **mañana** [2] [maˈɲana]
der **Vormittag**
→ Por la mañana tengo una reunión. – *Am Vormittag habe ich eine Besprechung.*

el **mediodía** [meðjoˈdia]
der **Mittag**
→ A mediodía hago un descanso. – *Mittags mache ich eine Pause.*

la **tarde** [1] [ˈtarðe]
der **Nachmittag**
→ Nos vemos por la tarde. – *Wir sehen uns am Nachmittag.*

la **tarde** [2] [ˈtarðe]
der **Abend**
→ Esta tarde voy a jugar al tenis. – *Heute Abend spiele ich Tennis.*

la **noche** [1] [ˈnotʃe]
der **Abend**
→ Aquella noche fue especial. – *Das war ein besonderer Abend.*

la **noche** [2] [ˈnotʃe]
die **Nacht**
→ Pasamos toda la noche despiertos. – *Wir waren die ganze Nacht wach.*

la **medianoche** [meðjaˈnotʃe]
die **Mitternacht**
→ Ayer salí con unos amigos y llegué a casa a medianoche. – *Gestern ging ich mit ein paar Freunden aus und kam um Mitternacht nach Hause.*

DIE WOCHENTAGE

el **día** ['dia]
der **Tag**
→ Hoy ha sido un día largo. – *Heute war ein langer Tag.*

el **día de la semana**
der **Wochentag**
→ ¿Qué día de la semana es hoy? – *Welcher Wochentag ist heute?*

la **semana** [se'mana]
die **Woche**
→ Ha sido una semana muy dura. – *Es war eine sehr anstrengende Woche.*

el **lunes** ['lunes]
der **Montag**
→ Los lunes me cuesta mucho levantarme de la cama. – *Montags fällt es mir schwer aufzustehen.*

el **martes** ['martes]
der **Dienstag**
→ Los martes siempre llevo a los niños a la piscina. – *Dienstags bringe ich die Kinder immer zum Schwimmbad.*

el **miércoles** ['mjerkoles]
der **Mittwoch**
→ El miércoles no fui a trabajar porque estuve enfermo. – *Am Mittwoch bin ich nicht zur Arbeit gegangen, weil ich krank war.*

el **jueves** ['xweβes]
der **Donnerstag**
→ Este jueves vamos al cine. ¿Vienes? – *Diesen Donnerstag gehen wir ins Kino. Kommst du mit?*

el **viernes** ['bjernes]
der **Freitag**
→ Como el jueves es festivo, este viernes hacemos puente. – *Da Donnerstag ein Feiertag ist, nehmen wir am Freitag einen Brückentag.*

el **sábado** ['saβaðo]
der **Samstag**
→ Los sábados no trabajo. – *Samstags arbeite ich nicht.*

el **domingo** [do'miŋgo]
der **Sonntag**
→ Ella va a misa todos los domingos. – *Sie geht jeden Sonntag zur Messe.*

el fin de semana
das **Wochenende**
→ El fin de semana suelo quedar con amigos. – *Am Wochenende treffe ich mich immer mit Freunden.*

DIE MONATE

el **mes** [mes]
der **Monat**
→ Llevo solo un mes viviendo en Madrid. – *Ich lebe erst seit einem Monat in Madrid.*

el **enero** [e'nero]
der **Januar**
→ El mes de enero ha sido muy frío. – *Der Januar war sehr kalt.*

el **febrero** [fe'βrero]
der **Februar**
→ El catorce de febrero es el Día de los Enamorados. – *Am 14. Februar ist Valentinstag.*

el **marzo** ['marθo]
der **März**
→ Este año la Semana Santa cae a finales de marzo. – *Dieses Jahr ist die Karwoche Ende März.*

el **abril** [a'βril]
der **April**
→ Abril suele ser un mes muy lluvioso. – *Der April ist für gewöhnlich ein sehr regnerischer Monat.*

el **mayo** ['maɟo]
der **Mai**
→ El treinta de mayo es el cumpleaños de mi madre. – *Der 30. Mai ist der Geburtstag meiner Mutter.*

el **junio** ['xunjo]
der **Juni**
→ A finales de junio empiezan las vacaciones en el colegio. – *Ende Juni beginnen die Schulferien.*

el **julio** ['xuljo]
der **Juli**
→ El día 25 de julio es el día de Santiago Apóstol. – *Am 25. Juli ist Jakobstag.*

el **agosto** [a'ɣosto]
der **August**
→ En agosto las oficinas están cerradas por vacaciones. – *Im August sind die Büros wegen Ferien geschlossen.*

el **septiembre** [sep'tjembre]
der **September**
→ El 29 de septiembre es el día de mi santo. – *Am 29. September habe ich Namenstag.*

el octubre [ok'tuβre]
der **Oktober**
→ Colón descubrió América el día 12 de octubre. – *Kolumbus entdeckte Amerika am 12. Oktober.*

el noviembre [no'βjembre]
der **November**
→ En noviembre habrá elecciones generales. – *Im November sind allgemeine Wahlen.*

el diciembre [di'θjembre]
der **Dezember**
→ El seis de diciembre es el Día de la Constitución y es festivo. – *Der 6. Dezember ist in Spanien Tag der Verfassung und Feiertag.*

WEITERE ZEITBEGRIFFE

a veces
manchmal
→ A veces voy al cine con mi hermana. – *Manchmal gehe ich mit meiner Schwester ins Kino.*

ahora [a'ora]
jetzt
→ Ahora no está en casa. – *Er / Sie ist jetzt nicht zu Hause.*

alguna vez
jemals
→ ¿Has estado alguna vez en África? – *Bist du jemals in Afrika gewesen?*

el año ['aɲo]
das **Jahr**
→ El año que viene termino la carrera. – *Nächstes Jahr schließe ich mein Studium ab.*

anteayer [antea'ɟer]
vorgestern
→ Anteayer lo vi por la calle. – *Vorgestern habe ich ihn auf der Straße gesehen.*

anterior [ante'rjor]
ehemalig; früher(er)
→ El jefe anterior era más simpático. – *Der frühere Chef war sympathischer.*

antes [ˈan̪tes]
vorher
→ ¡Habérmelo dicho antes! – *Du hättest es mir früher sagen sollen!*

ayer [aˈɟer]
gestern
→ Ayer no fui a trabajar. – *Gestern bin ich nicht arbeiten gegangen.*

cada vez
jedes Mal
→ Cada vez que lo veo me pongo nerviosa. – *Jedes Mal, wenn ich ihn sehe, werde ich nervös.*

casi [ˈkasi]
fast
→ Ella tiene esa figura porque hace deporte casi todos los días. – *Sie hat eine solche Figur, weil sie fast jeden Tag Sport treibt.*

con frecuencia
oft
→ Hago deporte con frecuencia. – *Ich mache oft Sport.*

de repente
plötzlich
→ De repente se levantó y salió corriendo. – *Plötzlich stand er / sie auf und rannte weg.*

después [1] [desˈpwes]
danach
→ Nos vemos después. – *Wir sehen uns danach.*

después [2] [desˈpwes]
nachher
→ Cuéntamelo después, ahora no tengo tiempo. – *Erzähl es mir nachher, jetzt habe ich keine Zeit.*

después [3] [desˈpwes]
dann
→ Estuvimos en el cine y después fuimos a cenar. – *Wir waren im Kino, und dann sind wir essen gegangen.*

durar [duˈrar]
dauern
→ La ópera dura tres horas. – *Die Oper dauert drei Stunden.*

enseguida [enseˈɣiða]
sofort
→ Enseguida le llamo. – *Ich rufe Sie sofort zurück.*

entero [en̪ˈtero], **entera**
ganz
→ Pasé la semana entera enfermo en la cama. – *Ich verbrachte die ganze Woche krank im Bett.*

entonces [en̪ˈton̪θes]
nun
→ Entonces, nos marchamos. – *Nun, dann gehen wir.*

entretanto [en̪treˈtan̪to]
inzwischen
→ Entretanto se ha casado y tiene un hijo. – *Inzwischen hat er / sie geheiratet und hat ein Kind.*

la **fecha** [ˈfetʃa]
das **Datum**
→ ¿Qué fecha es hoy? – *Welches Datum ist heute?*

el **final** [fiˈnal]
das **Ende**
→ El final de la película ha sido un poco triste. – *Das Ende des Films war etwas traurig.*

frecuente [freˈkwen̪te]
häufig
→ No es frecuente verlo aquí. – *Man sieht ihn hier nicht häufig.*

hoy [oi̯]
heute
→ Hoy no tengo tiempo para ti. – *Heute habe ich keine Zeit für dich.*

la mayoría de las veces
meistens
→ La mayoría de las veces cenamos en casa. – *Meistens essen wir zu Hause zu Abend.*

mañana [maˈɲana]
morgen
→ Mañana no madrugo. – *Morgen werde ich nicht früh aufstehen.*

más tarde
später
→ Te llamaré más tarde. – *Ich rufe dich später an.*

mientras [ˈmjen̪tras]
während
→ Mientras dormía ella lo miraba fijamente. – *Während er / sie schlief, sah sie ihn fest an.*

mucho tiempo
lange
→ No nos quedaremos mucho tiempo. – *Wir werden nicht lange bleiben.*

nunca [ˈnuŋka]
nie
→ Nunca he estado en la India. – *Ich bin noch nie in Indien gewesen.*

pasado mañana
übermorgen
→ Pasado mañana me caso. – *Übermorgen heirate ich.*

por fin
endlich
→ ¡Por fin he terminado el trabajo! – *Endlich bin ich mit der Arbeit fertig!*

primero [priˈmero]
zuerst
→ Primero iremos a cenar y después iremos al cine. – *Zuerst gehen wir Abend essen, danach gehen wir ins Kino.*

pronto [1] [ˈpron̪to]
bald
→ Nos veremos pronto. – *Wir sehen uns bald.*

pronto [2] [ˈpron̪to]
früh
→ Es un poco pronto para tomar decisiones. – *Es ist ein bisschen zu früh, um Entscheidungen zu treffen.*

puntual [pun̪tuˈal]
pünktlich
→ Cuando quedo con ella nunca es puntual. – *Wenn wir verabredet sind, ist sie nie pünktlich.*

siempre [ˈsjempre]
immer
→ Siempre cenamos a la misma hora. – *Wir essen immer zur gleichen Uhrzeit zu Abend.*

siguiente [siˈɣjen̪te]
folgende(r, s)
→ ¡El siguiente! – *Der Nächste, bitte!*

tarde [ˈtarðe]
spät
→ ¿Por qué llegas tarde? – *Warum kommst du zu spät?*

todavía [toðaˈβia]
noch
→ Todavía trabaja en la peluquería. – *Er / Sie arbeitet noch in dem Friseursalon.*

último [ˈul̪timo], **última**
letzte(r, s)
→ El último autobús sale a las doce. – *Der letzte Bus fährt um zwölf.*

la **vez**
einmal
→ Una vez me encontré cien euros por la calle. – *Ich habe einmal hundert Euro auf der Straße gefunden.*

ya [ɟa]
bereits, schon
→ Ya he contestado a tu pregunta. – *Ich habe deine Frage bereits beantwortet.*

DER JOB

SCHULE UND AUSBILDUNG

DER JOB

el **compañero de trabajo**
la **compañera de trabajo**
der **Kollege**, die **Kollegin**
→ Son compañeros de trabajo desde hace tres meses. – *Seit drei Monaten sind sie Arbeitskollegen.*

la **entrevista** [en̦tre'βista]
das **Vorstellungsgespräch**
→ La entrevista me salió muy bien. Tengo el trabajo. – *Das Vorstellungsgespräch lief sehr gut. Ich habe den Job.*

el **éxito** ['eɣsito]
der **Erfolg**
→ Es un cantante con mucho éxito. – *Er hat großen Erfolg als Sänger.*

ganar [ga'nar]
verdienen
→ Gana muchísimo dinero. – *Er / Sie verdient sehr viel Geld.*

el **jefe** ['xefe], la **jefa**
der **Chef**, die **Chefin**
→ El jefe sabe como motivar a sus empleados. – *Der Chef weiß, wie er seine Mitarbeiter motiviert.*

ocupado [oku'paðo], **ocupada**
beschäftigt
→ Esta semana estamos muy ocupados. – *Diese Woche sind wir sehr beschäftigt.*

la **oficina** [ofi'θina]
das **Büro**
→ En esta oficina trabajan diez personas. – *In diesem Büro arbeiten zehn Personen.*

parado [pa'raðo], **parada**
arbeitslos
→ ¿Cuánto tiempo llevas parado? – *Wie lange bist du schon arbeitslos?*

la **profesión** [profe'sjon]
der **Beruf**
→ Tiene una profesión muy interesante. – *Er / Sie hat einen sehr interessanten Beruf.*

el **puesto** ['pwesto]
die **(Arbeits)stelle**
→ Tengo un buen puesto de trabajo en el banco. – *Ich habe eine gute Stelle bei der Bank.*

responsable [rrespon'saβle]
verantwortlich
→ Yo no soy responsable de que su trabajo saliese mal. – *Ich bin nicht dafür verantwortlich, dass seine / ihre Arbeit so schlecht geworden ist.*

el **sueldo** ['sweldo]
das **Gehalt**
→ El sueldo es más pequeño que antes, pero tengo más vacaciones. – *Das Gehalt ist niedriger als zuvor, aber ich habe mehr Urlaub.*

tener lugar
stattfinden
→ La conferencia tendrá lugar en un hotel de lujo. – *Die Konferenz wird in einem Luxushotel stattfinden.*

trabajar [traβa'xar]
arbeiten
→ ¿En qué trabajas? – *Was arbeitest du?*

el **trabajo** [tra'βaxo]
die **Arbeit**
→ Los niños dan mucho trabajo. – *Kinder machen viel Arbeit.*

urgentemente [urxente'mente]
dringend
→ Tengo que irme urgentemente. – *Ich muss dringend gehen.*

SCHULE UND AUSBILDUNG

el **alumno** [a'lumno], la **alumna**
der **Schüler**, die **Schülerin**
→ Los alumnos no muestran interés por los idiomas. – *Die Schüler zeigen kein Interesse an Sprachen.*

aprender [apren'der]
lernen
→ En la universidad he aprendido mucho. – *An der Universität habe ich viel gelernt.*

la **clase** ['klase]
die **Klasse**
→ En mi clase hay más chicas que chicos. – *In meiner Klasse sind mehr Mädchen als Jungen.*

el **colegio** [ko'lexjo]
die **Schule**
→ Todavía va al colegio. – *Er / Sie geht noch zur Schule.*

correcto [ko'rrekto], **correcta**
richtig
→ La respuesta es correcta. – *Die Antwort ist richtig.*

el **curso (escolar)** ['kurso]
der **Jahrgang**
→ Como estuvo enfermo tanto tiempo, tuvo que repetir curso. – *Da ich so lang krank war, musste ich das Jahr wiederholen.*

difícil [di'fiθil]
schwierig
→ No fue difícil encontrar la solución. Estaba clarísima. – *Es war nicht schwierig, die Lösung zu finden. Sie war ganz klar.*

enseñar [ense'ɲar]
lehren; unterrichten
→ Ella prefiere enseñar a sus hijos en casa. – *Sie unterrichtet ihre Kinder lieber zu Hause.*

el **escolar** [esko'lar], la **escolar**
der **Schüler**, die **Schülerin**
→ Los escolares de este colegio llevan uniforme. – *Die Schüler dieser Schule tragen eine Uniform.*

escribir [eskri'βir]
schreiben
→ En clase escribimos una redacción sobre la familia. – *Im Unterricht haben wir einen Aufsatz über die Familie geschrieben.*

escuchar [esku'tʃar]
zuhören; anhören
→ En clase de inglés nunca escuchamos canciones. – *Im Englischunterricht hören wir nie Lieder.*

el **estudiante** [estu'ðjante], la **estudiante**
der **Student**, die **Studentin**
→ Es estudiante de derecho. – *Er / Sie ist Jurastudent(in).*

estudiar [estu'ðjar]
lernen
→ Carmen estudia japonés. – *Carmen lernt Japanisch.*

el **examen** [eˠ'samen]
die **Prüfung**
→ El examen de Literatura fue dificilísimo. – *Die Literaturprüfung war sehr schwer.*

examinar [eˠsami'nar]
prüfen
→ Me examiné de la selectividad el año pasado. – *Letztes Jahr habe ich die Eignungsprüfung für die Universität gemacht.*

explicar [espli'kar]
erklären
→ Ella explica siempre con ejemplos prácticos. – *Sie erklärt immer alles mit praktischen Beispielen.*

fácil ['faθil]
leicht, einfach
→ La prueba escrita fue muy fácil. – *Die schriftliche Prüfung war ganz einfach.*

incorrecto [iŋko'rrekto], **incorrecta**
falsch
→ La respuesta es incorrecta. – *Die Antwort ist falsch.*

el **jardín de infancia**
der **Kindergarten**
→ Mi hija todavía va al jardín de infancia. – *Meine Tochter geht noch in den Kindergarten.*

la **letra** ['letra]
der **Buchstabe**
→ La A es la primera letra del alfabeto. – *A ist der erste Buchstabe des Alphabets.*

el **instituto** [insti'tuto]
das **Gymnasium;**
das **Institut**
→ En nuestro instituto no tenemos biblioteca. – *In unserem Gymnasium haben wir keine Bibliothek.*

gimnasio ≠ Gymnasium

Thomas hat ein Stipendium erhalten, er darf ein Jahr lang in einem spanischen Gymnasium Deutsch unterrichten. Am Abend geht er mit Bekannten aus und erzählt ihnen die gute Neuigkeit: „A partir del mes que viene voy a trabajar en un gimnasio de Barcelona, ¿qué os parece?“ Antonio antwortet: „Bueno, me parece bien, pero yo creía que querías ser profesor de alemán... ¿has cambiado de opinión?“ „No, – antwortet Thomas ein bisschen verwirrt – voy a dar clases de alemán en un gimnasio.“ Antonio verkneift sich das Grinsen und erwidert: „Entonces vas a trabajar en un instituto de Barcelona, no en un gimnasio.“ Thomas wusste nicht, dass das spanische Wort gimnasio Fitnessstudio bedeutet.

la nota ['nota]
die **Note,** die **Zensur**
→ He sacado una nota excelente en el examen: ¡un diez! – *Ich habe eine hervorragende Note in der Prüfung: eine Eins!*

el profesor [profe'sor], **la profesora**
der **Lehrer,** die **Lehrerin**
→ Mi profesor de matemáticas es muy exigente. – *Mein Mathematiklehrer verlangt sehr viel.*

la prueba ['prweβa]
die **Prüfung,** der **Test**
→ En el curso de idiomas nos hicieron una prueba de nivel. – *Im Sprachkurs wurde mit uns ein Einstufungstest gemacht.*

el recreo [rre'kreo]
die **Pause**
→ En el recreo me compré un bocadillo porque no había desayunado. – *In der Pause kaufte ich mir ein belegtes Brötchen, weil ich nicht gefrühstückt hatte.*

el resultado [rresul'taðo]
das **Ergebnis**
→ El resultado de la operación no es correcto. – *Das Ergebnis der Rechnung ist nicht korrekt.*

ser correcto
stimmen
→ Las cuentas son correctas. – *Die Rechnungen stimmen.*

la universidad [uniβersi'ðað]
die **Universität**
→ Estudia en la universidad. – *Er / Sie studiert an der Universität.*

IN DER GESELLSCHAFT LEBEN

FESTE UND FEIERTAGE

IN DER GESELLSCHAFT LEBEN

el **carné de identidad**
der **Personalausweis**
→ Entregó el carné de identidad al policía. – *Er / Sie gab dem Polizisten seinen / ihren Personalausweis.*

el **derecho** [deˈretʃo]
das **Recht**
→ Tienes el derecho de ser escuchado. – *Du hast das Recht, angehört zu werden.*

el **Estado** [esˈtaðo]
der **Staat**
→ El proyecto está financiado por el Estado. – *Das Projekt wird vom Staat finanziert.*

el **gobierno** [goˈβjerno]
die **Regierung**
→ En ese país el gobierno es corrupto. – *Dieses Land hat eine korrupte Regierung.*

la **guerra** [ˈgerra]
der **Krieg**
→ Los soldados van a la guerra. – *Die Soldaten ziehen in den Krieg.*

el **impuesto** [imˈpwesto]
die **Steuer**
→ ¿Pagas muchos impuestos? – *Zahlst du hohe Steuern?*

la **información** [iɱformaˈθjon]
die **Auskunft**
→ Necesito información sobre los precios. – *Ich brauche eine Auskunft bezüglich der Preise.*

la **inscripción** [inskriβˈθjon]
die **Anmeldung**
→ ¿Has hecho ya la inscripción para el curso de inglés? – *Hast du dich schon für den Englischkurs angemeldet?*

la **nacionalidad** [naθjonaliˈðað]
die **Staatsangehörigkeit**
→ Aunque nací en Alemania, tengo la nacionalidad española. – *Obwohl ich in Deutschland geboren wurde, habe ich die spanische Staatsangehörigkeit.*

la **paz** [paθ]
der **Frieden**
→ Es necesario promover la paz en el mundo. – *Es ist notwendig, den Frieden auf der Welt zu fördern.*

el **policía** [poliˈθia],
la **policía**
der **Polizist**, die **Polizistin**
→ Mi vecino es policía. – *Mein Nachbar ist Polizist.*

la **policía** [poliˈθia]
die **Polizei**
→ La policía perseguía al ladrón. – *Die Polizei verfolgte den Dieb.*

la **política** [poˈlitika]
die **Politik**
→ Se pasan el día hablando de política. – *Sie reden den ganzen Tag lang über Politik.*

prohibido [proi̯ˈβiðo],
prohibida
verboten
→ Está prohibido entrar en la sala. – *Es ist verboten, den Raum zu betreten.*

público [ˈpuβliko],
pública
öffentlich
→ La biblioteca de la ciudad es pública. – *Die Stadt hat eine öffentliche Bibliothek.*

demostración ≠ Demonstration

Morton ist ein Austauschstudent an der juristischen Fakultät in Barcelona. Er ist der Meinung, dass das Verhalten gegenüber der Umwelt sehr rücksichtlos ist. Er geht zu der „Grünen“-Fachschaft und macht einen Vorschlag: „He estado pensando que deberíamos hacer una demostración a favor del medio ambiente“. Die Studenten in der Fachschaft sehen sich an, denn sie verstehen nichts. Morton spricht weiter: „¿No os parece una buena idea? Todos los estudiantes de Barcelona juntos a favor del medioambiente por las calles.“ Jetzt wissen sie in der Fachschaft, was er meint. Er will alle Studenten Barcelonas für eine Demonstration zugunsten der Umwelt organisieren, aber zuerst soll Morton erfahren, dass das spanische Wort dafür manifestación lautet.

FESTE UND FEIERTAGE

el **Año Nuevo**
das **Neujahr**
→ ¡Feliz Año Nuevo! – *Frohes Neues Jahr!*

el **Dios** [djos]
der **Gott**
→ ¿Crees en Dios? – *Glaubst du an Gott?*

la **Navidad** [naβiˈðað]
Weihnachten
→ Celebramos la Navidad en familia. – *Weihnachten feiern wir in der Familie.*

la **Nochebuena** [notʃeˈbwena]
der **Heiligabend**
→ La Nochebuena la paso siempre con mis padres. – *Den Heiligabend verbringe ich immer mit meinen Eltern.*

la **Nochevieja** [notʃeˈβjexa]
der **Silvester(abend)**
→ Este año celebré la Nochevieja en Berlín y sin las uvas. – *Dieses Jahr feierte ich Silvester in Berlin – und ohne die Trauben.*

la **Pascua** [ˈpaskwa]
Ostern
→ En Pascua comemos cordero. – *Zu Ostern essen wir Lamm.*

los **Reyes Magos**
die **Heiligen Drei Könige**
→ Los Reyes Magos me han traído un reloj nuevo. – *Die Heiligen Drei Könige haben mir eine neue Armbanduhr gebracht.*

INTERNET, TELEFON UND COMPUTER

POST UND E-MAIL

PRESSE, RADIO UND FERNSEHEN

INTERNET, TELEFON UND COMPUTER

colgar [kol'ɣar]
auflegen
→ Ella estaba enfadada y me colgó el teléfono sin contestar. – *Sie war verärgert und legte auf, ohne zu antworten.*

contestar [kon̪tes'tar]
antworten
→ Estaba tan nervioso, que no supe que contestar en aquel momento. – *Ich war so nervös, dass ich in dem Moment nicht wusste, was ich antworten sollte.*

descolgar [deskol'ɣar]
abnehmen, abheben
→ La llamé a casa, pero nadie descolgó el teléfono. – *Ich rief bei ihr zu Hause an, aber niemand nahm das Telefon ab.*

el / la **internet** [in̪ter'net]
das **Internet**
→ En casa no tengo acceso a internet. – *Ich habe zu Hause keinen Internetanschluss.*

llamar por teléfono
anrufen
→ Mi madre me llama por teléfono todos los días. – *Meine Mutter ruft mich jeden Tag an.*

el **mensaje** [men'saxe]
die **Nachricht**; die **SMS**
→ Le mandé un mensaje al móvil. – *Ich habe ihm / ihr eine Nachricht aufs Handy geschickt.*

el **móvil** ['moβil]
das **Mobiltelefon**
→ ¿Tienes móvil? – *Hast du ein Handy?*

ocupado [oku'paðo], **ocupada**
besetzt
→ La línea está ocupada. – *Die Leitung ist besetzt.*

el **ordenador** [orðena'ðor]
der **Computer**
→ He instalado un nuevo programa en el ordenador. – *Ich habe ein neues Programm auf dem Computer installiert.*

el **portátil** [portátil]
der **Laptop**; das **Notebook**
→ La pantalla de mi portátil es muy pequeña. – *Der Bildschirm meines Laptops ist sehr klein.*

el **teléfono** [te'lefono]
das **Telefon**
→ En casa no tengo teléfono. – *Zu Hause habe ich kein Telefon.*

POST UND E-MAIL

la **(tarjeta) postal** [tar'xeta]
die **(Post)karte**
→ Mándame una (tarjeta) postal de Tenerife cuando llegues. – *Schick mir eine Karte aus Teneriffa, wenn du ankommst.*

la **carta** ['karta]
der **Brief**
→ Tengo que mandar una carta al extranjero. – *Ich muss einen Brief ins Ausland schicken.*

el **correo** [ko'rreo]
die **Post**
→ ¿Ha llegado el correo? – *Ist die Post gekommen?*

el **correo electrónico**
die **E-Mail**
→ Mándame el archivo por correo electrónico. – *Schick mir die Datei per E-Mail.*

el **e-mail** ['i:meɪl]
die **E-Mail**
→ No he mandado el e-mail. – *Ich habe die E-Mail nicht verschickt.*

el **sello** ['seʎo]
die **Briefmarke**
→ He olvidado pegar el sello en la carta. – *Ich habe vergessen, die Briefmarke auf den Brief zu kleben.*

carta ≠ Karte

Fran geht nach Kuba in den Urlaub. Als er sich von Ina verabschiedet, sagt sie: „Oye, ¡escríbeme una carta cuando tengas tiempo!" „Bueno" – sagt Fran ein bisschen verlegen – „no creo que tenga tiempo para escribir cartas..."
Ina fand die Ausrede von Fran schwach. Kuba mag ein faszinierendes Land sein, aber man wird wohl fünf Minuten an die Freunde denken können. Zwei Wochen später findet Ina eine Postkarte von Fran im Briefkasten, die lautet: „Tiempo para una carta no tuve, pero sí para una postal. Un besazo, Fran." Sie hätte eigentlich kein Grund gehabt, sauer zu sein. „Carta" bedeutet auf Spanisch meistens Brief und nicht (Post)karte.

PRESSE, RADIO UND FERNSEHEN

el **diario** [di'arjo]
die **Tageszeitung**
→ Leí esa noticia en el diario y no la podía creer. – *Ich las diese Meldung in der Tageszeitung und konnte sie nicht glauben.*

las **noticias** [no'tiθjas]
die **Nachrichten**
→ Aún no he recibido noticias suyas. – *Ich habe noch keine Nachricht von ihm / ihr.*

la **película** [pe'likula]
der **Film**
→ Ayer vimos la última película de Almodóvar en la tele. – *Gestern haben wir uns den neuesten Almodóvar-Film im Fernsehen angesehen.*

el **periódico** [pe'rjoðiko]
die **Zeitung**
→ Lee el periódico todas las mañanas. – *Er / Sie liest jeden Morgen die Zeitung.*

el **programa** [pro'ɣrama]
die **Sendung**
→ Sobre todo, me gustan los programas de animales. – *Am liebsten mag ich Tiersendungen.*

la **radio** ['rraðjo]
das **Radio**
→ Me gusta escuchar los partidos de fútbol en la radio. – *Ich höre mir gern Fußballspiele im Radio an.*

la **revista** [rre'βista]
die **Zeitschrift**,
die **Illustrierte**
→ Mi hermana compra siempre revistas de moda. – *Meine Schwester kauft immer Modezeitschriften.*

el **televisor** [teleβi'sor]
der **Fernseher**
→ El televisor se ha estropeado. – *Der Fernseher ist kaputtgegangen.*

ver la televisión
fernsehen
→ Nunca veo la televisión. – *Ich sehe nie fern.*

MIT ÖFFENTLICHEN VERKEHRSMITTELN

IM STRASSENVERKEHR

AUF REISEN

MIT ÖFFENTLICHEN VERKEHRSMITTELN

el **andén** [aṇ'den]
der **Bahnsteig**
→ Nuestro tren sale del andén número siete. – *Unser Zug fährt auf Bahnsteig Nummer sieben ab.*

el **asiento** [a'sjeṇto]
der **(Sitz)platz**
→ El tren iba lleno. Menos mal que tenía asiento reservado. – *Der Zug war voll. Zum Glück hatte ich einen Sitzplatz reserviert.*

el **autobús** [au̯to'βus]
der **Bus**
→ Toma el autobús. – *Fahr mit dem Bus.*

bajar [ba'xar]
aussteigen; hinuntersteigen
→ Para ir al museo, te tienes que bajar en la parada "Atocha". – *Um zum Museum zu kommen, musst du bei der Haltestelle „Atocha" aussteigen.*

el **billete** [bi'ʎete]
die **Fahrkarte**
→ ¿Has comprado ya el billete de tren? – *Hast du schon die Zugfahrkarte gekauft?*

coger [ko'xer]
(in Spanien)
nehmen
→ Para llegar hasta allí es mejor coger el autobús. – *Um dorthin zu kommen, nimmt man besser den Bus.*

esperar [espe'rar]
warten
→ Hace una hora que espero el autobús. – *Seit einer Stunde warte ich auf den Bus.*

la **estación** [esta'θjon]
der **Bahnhof**
→ Te espero en la estación. – *Ich warte am Bahnhof auf dich.*

el **metro** ['metro]
die **U-Bahn**
→ La estación de metro está enfrente del edificio. – *Die U-Bahn-Haltestelle ist gegenüber dem Haus.*

la **parada** [pa'raða]
die **Haltestelle**
→ Delante de la universidad hay una parada. – *Vor der Universität ist eine Haltestelle.*

la **parada de autobús**
die **Bushaltestelle**
→ Te espero en la parada de autobús. – *Ich warte an der Bushaltestelle auf dich.*

perder [perˈðer]
verlieren; verpassen
→ ¡Corre que perdemos el autobús! – *Lauf, sonst verpassen wir den Bus!*

subir [suˈβir]
einsteigen
→ ¡Sube al autobús! – *Steig in den Bus ein!*

el **tranvía** [tramˈbia]
die **Straßenbahn**
→ En mi ciudad no hay tranvía. – *In meiner Stadt gibt es keine Straßenbahn.*

el **tren** [tren]
der **Zug**
→ El tren sale con retraso. – *Der Zug fährt verspätet ab.*

IM STRASSENVERKEHR

el **accidente** [aɣθiˈðen̪te]
der **Unfall**
→ Tuve un accidente a la salida de la autopista. – *An der Autobahnausfahrt hatte ich einen Unfall.*

el **aparcamiento** [aparkaˈmjen̪to]
der **Parkplatz**
→ ¿Hay un aparcamiento por aquí cerca? – *Gibt es hier in der Nähe einen Parkplatz?*

aparcar [aparˈkar]
parken
→ Es imposible aparcar en el centro. – *Es ist unmöglich, im Zentrum zu parken.*

la **autopista** [au̯toˈpista]
die **Autobahn**
→ En Alemania hay muchas autopistas. – *In Deutschland gibt es viele Autobahnen.*

la **bicicleta** [biθiˈkleta]
das **Fahrrad**
→ ¿Sabes ir en bicicleta? – *Kannst du Fahrrad fahren?*

la **calle** [ˈkaʎe]
die **Straße**
→ Para llegar al centro, solo tienes que seguir esta calle todo recto. – *Um in die Innenstadt zu kommen, musst du nur diese Straße weiter geradeaus fahren.*

remolcar [rremol'kar]
abschleppen

el **bidón de gasolina**
der **Benzinkanister**

la **rueda de repuesto**
das **Ersatzrad**

el **poste de socorro**
die **Notrufsäule**

la **avería** [aβe'ria]
die **Panne**

la **asistencia técnica en carretera**
der **Pannendienst**

el **botiquín (de urgencias)**
der **Verbandskasten**

el **gato** ['gato]
der **Wagenheber**

el **sistema de alarma intermitente**
die **Warnblinkanlage**

el **triàngulo de emergencia**
das **Warndreieck**

las **herramientas** [erra'mjentas]
das **Werkzeug**

el **camión** [ka'mjon]
der **LKW**
→ El camión transportaba mercancía peligrosa. – *Der LKW transportierte Gefahrengut.*

el **carné de conducir**
der **Führerschein**
→ Por fin se ha sacado el carné de conducir. – *Endlich hat er / sie den Führerschein gemacht.*

el **cartel** [kar'tel]
das **Schild**
→ ¿No has visto el cartel anunciándolo? – *Hast du das Informationsschild nicht gesehen?*

el **coche** ['kotʃe]
das **Auto**
→ El coche tiene cinco plazas. – *Das Auto ist ein Fünfsitzer.*

conducir [kondu'θir]
fahren
→ Por la noche no me gusta conducir. – *Ich fahre nicht gern nachts.*

la **gasolina** [gaso'lina]
das **Benzin**
→ El precio de la gasolina ha subido. – *Der Benzinpreis ist gestiegen.*

la **gasolinera** [gasoliˈnera]
die **Tankstelle**
→ La gasolinera está a dos kilómetros. – *Die Tankstelle ist zwei Kilometer entfernt.*

llevar [ʎeˈβar]
mitnehmen
→ Si vas en coche, llévame. – *Wenn du mit dem Auto fährst, nimm mich mit.*

la **motocicleta** [motoθiˈkleta]
das **Motorrad**
→ Julia se ha comprado una motocicleta. – *Julia hat sich ein Motorrad gekauft.*

parar [ˈparar]
anhalten
→ Por favor, pare en la esquina. – *Halten Sie bitte an der Ecke an.*

repostar [rreposˈtar]
tanken
→ Antes de continuar el viaje tengo que repostar. – *Bevor ich weiterfahre, muss ich tanken.*

la **rueda** [ˈrrweða]
das **Rad**
→ Se me ha pinchado una rueda de la bici. – *Mein Fahrrad hat an einem Rad einen Platten.*

el **semáforo** [seˈmaforo]
die **Ampel**
→ El semáforo está rojo. – *Die Ampel ist rot.*

la **señal** [seˈɲal]
das **Schild**
→ Aquí no hay ninguna señal de tráfico que prohíba aparcar. – *Hier ist kein Schild, das das Parken verbietet.*

vacío [baˈθio], **vacía**
leer
→ El depósito está vacío. – *Der Tank ist leer.*

el **aeropuerto** [aero'pwerto]
der **Flughafen**
→ El aeropuerto está a seis kilómetros del centro. – *Der Flughafen ist sechs Kilometer vom Zentrum entfernt.*

la **aldea** [al̦'dea]
das **Dorf**
→ Sugirió que visitéis algunas aldeas en las montañas. – *Er schlug vor, dass ihr ein paar Dörfer in den Bergen besucht.*

alquilar [alki'lar]
mieten
→ Este verano alquilaremos una casa en la playa. – *Diesen Sommer werden wir ein Haus am Meer mieten.*

el **avión** [aβi'on]
das **Flugzeug**
→ ¿Te da miedo viajar en avión? – *Hast du Angst vorm Fliegen?*

el **camino** [ka'mino]
der **Weg**
→ El camino es largo. – *Es ist ein weiter Weg.*

el **campo** ['kampo]
das **Feld**
→ Trabaja en el campo. – *Er / Sie arbeitet auf dem Feld.*

el **cartel** [kar'tel]
das **Schild**
→ En Barcelona muchos carteles están en catalán. – *In Barcelona gibt es viele Schilder auf Katalanisch.*

la **ciudad** [θju'ðað]
die **Stadt**
→ La ciudad de Málaga está en el sur de la provincia. – *Die Stadt Málaga ist im Süden der Provinz.*

completo [kom'pleto], **completa**
belegt, voll
→ No pude hacer la reserva. El hotel está completo. – *Ich konnte nicht reservieren. Das Hotel ist schon belegt.*

embarcar [embar'kar]
einchecken
→ Para embarcar necesitas mostrar el pasaporte. – *Um einzuchecken, musst du den Pass vorzeigen.*

el **hotel** [o'tel]
das **Hotel**

la **pensión (para huéspedes)** [pen'sjon]
die **Pension**

el **chalé (de recreo)** [tʧa'le]
das **Ferienhaus**

el **apartamento para las vacaciones**
die **Ferienwohnung**

la **reserva** [rre'serβa]
die **Reservierung**

la **pensión completa**
die **Vollpension**

la **media pensión**
die **Halbpension**

la **recepción** [rreθeβ'θjon]
die **Rezeption**

la **llave** ['ʎaβe]
der **Schlüssel**

la **habitación** [aβita'θjon]
das **Zimmer**

la **cama (de matrimonio)** ['kama]
das **(Doppel)bett**

enseñar [ense'ɲar]
zeigen
→ Nos enseñó el camino. – *Er / Sie zeigte uns den Weg.*

el **equipaje** [eki'paxe]
das **Gepäck**
→ Siempre viajo sin equipaje. – *Ich reise immer ohne Gepäck.*

la **estancia** [es'tanθja]
der **Aufenthalt**
→ Planea una estancia en el extranjero. – *Er / Sie plant einen Auslandsaufenthalt.*

el **extranjero** [estraŋ'xero], la **extranjera**
der **Ausländer**, die **Ausländerin**
→ El profesor es extranjero. – *Der Lehrer ist Ausländer.*

el **extranjero** [estraŋ'xero]
das **Ausland**
→ Ha vivido tres años en el extranjero. – *Er / Sie hat drei Jahre im Ausland gelebt.*

el **ferry** ['ferri]
die **Fähre**
→ Pasamos el estrecho en ferry. – *Wir haben mit der Fähre über die Meerenge übergesetzt.*

la **granja** [ˈgraŋxa]
der **Bauernhof**
→ Sus abuelos tenían una granja. – *Seine / Ihre Großeltern hatten einen Bauernhof.*

hacer transbordo
umsteigen
→ El tren no es directo. Tienes que hacer dos veces transbordo. – *Es ist kein durchgehender Zug. Du musst zweimal umsteigen.*

la **iglesia** [iˈɣlesja]
die **Kirche**
→ Los domingos va a la iglesia. – *Sonntags geht er / sie in die Kirche.*

la **llegada** [ʎeˈɣaða]
die **Ankunft**
→ Tiene la llegada prevista a las ocho y cuarto. – *Die voraussichtliche Ankunft ist um Viertel nach acht.*

llegar [ʎeˈɣar]
ankommen
→ ¿A qué hora llega tu tren? – *Wann kommt dein Zug an?*

llevar [ʎeˈβar]
tragen; mitnehmen
→ Como solo voy a pasar dos días, necesito una maleta pequeña. – *Da ich nur zwei Tage bleiben werde, brauche ich einen kleinen Koffer.*

la **maleta** [maˈleta]
der **Koffer**
→ Esta tarde salgo de viaje y todavía no he hecho la maleta. – *Heute Abend will ich verreisen und habe immer noch nicht meinen Koffer gepackt.*

el **mapa** [ˈmapa]
der **(Stadt)plan**
→ Sin un mapa no vamos a encontrar nunca la calle. – *Ohne Stadtplan werden wir die Straße nie finden.*

el **mundo** [ˈmundo]
die **Welt**
→ Me gustaría hacer un viaje alrededor del mundo. – *Ich würde gern eine Weltreise machen.*

el **pasaporte** [pasaˈporte]
der **Reisepass**
→ Necesitas un pasaporte en regla si vas a salir de Europa. – *Du brauchst einen gültigen Reisepass, wenn du aus Europa ausreist.*

pasar [paˈsar]
verbringen
→ Han pasado tres días en París. – *Sie haben drei Tage in Paris verbracht.*

perderse [perˈðerse]
sich verlaufen, sich verfahren
→ Como no llevábamos un mapa, nos perdimos. – *Da wir keinen Stadtplan hatten, verfuhren wir uns.*

la **plaza** [ˈplaθa]
der **Platz**
→ En el centro de la plaza hay una fuente. – *In der Mitte des Platzes ist ein Brunnen.*

el **pueblo** [ˈpweβlo]
das **Dorf**
→ La iglesia del pueblo es muy antigua. – *Die Dorfkirche ist sehr alt.*

el **puente** [ˈpwente]
die **Brücke**
→ Para llegar a la otra orilla del río hay que atravesar un puente. – *Um ans andere Ufer des Flusses zu kommen, muss man über eine Brücke gehen.*

recoger [rrekoˈxer]
abholen
→ ¿Te voy a recoger al aeropuerto? – *Soll ich dich am Flughafen abholen?*

regresar [rreɣreˈsar]
zurückkehren
→ Se marchó al extranjero y nunca regresó. – *Er / Sie ging ins Ausland und kehrte nie zurück.*

la **salida** [saˈliða]
die **Abfahrt**
→ La salida del tren se ha retrasado quince minutos. – *Die Abfahrt des Zuges hat sich um fünfzehn Minuten verzögert.*

la **salida de vuelo**
der **Abflug**
→ Salida del vuelo con destino a Madrid. – *Abflug des Flugs nach Madrid.*

salir [saˈlir]
abfahren
→ ¿Sabes a qué hora sale el tren hacia Valencia? – *Weißt du, um wie viel Uhr der Zug nach Valencia abfährt?*

seguir [se'ɣir]
folgen
→ Sígueme para no perderte. – *Folge mir, damit du dich nicht verläufst.*

las **vacaciones** [baka'θjones]
die **Ferien,** der **Urlaub**
→ Las vacaciones empiezan en junio. – *Die Ferien beginnen im Juni.*

el **viaje** [bi'axe]
die **Reise**
→ Este verano vamos a hacer un viaje por Europa. – *Diesen Sommer werden wir durch Europa reisen.*

volar [bo'lar]
fliegen
→ Vuelo por primera vez en helicóptero. – *Das ist das erste Mal, dass ich in einem Hubschrauber fliege.*

volver [bol'βer]
zurückkommen
→ Nuestro tren sale a las ocho y vuelve a las siete de la tarde. – *Unser Zug fährt um acht Uhr ab, und um sieben Uhr abends fährt er wieder zurück.*

DIE GRUNDZAHLEN

DIE ORDNUNGSZAHLEN

MENGEN UND GEWICHTE

DIE GRUNDZAHLEN

cero ['θero]
null

un(o) ['un(o)],
una
eins, eine(r, s)

dos [dos]
zwei

tres [tres]
drei

cuatro ['kwatro]
vier

cinco ['θiŋko]
fünf

seis [sei̯s]
sechs

siete ['sjete]
sieben

ocho ['ottʃo]
acht

nueve ['nweße]
neun

diez [djeθ]
zehn

once ['on̪θe]
elf

doce ['doθe]
zwölf

trece ['treθe]
dreizehn

catorce [ka'torθe]
vierzehn

quince ['kin̪θe]
fünfzehn

dieciséis [djeθi'sei̯s]
sechzehn

diecisiete [djeθi'sjete]
siebzehn

dieciocho [djeθi'otʃo]
achtzehn

diecinueve [djeθi'nweβe]
neunzehn

veinte ['bein̪te]
zwanzig

veintiún,
veintiuno [bein̪tj'un(o)],
veintiuna
einundzwanzig

veintidós [bein̪tj'dos]
zweiundzwanzig

treinta ['trei̯n̪ta]
dreißig

treinta y un(o)
['trei̯n̪ta i 'un(o)],
treinta y una
einunddreißig

cuarenta [kwa'renta]
vierzig

cincuenta [θiŋ'kwenta]
fünfzig

sesenta [se'senta]
sechzig

setenta [se'tenta]
siebzig

ochenta [o'tʃenta]
achtzig

noventa [no'βenta]
neunzig

cien, ciento
['θjen, 'θjento]
hundert

doscientos [dos'θjentos],
doscientas
zweihundert

trescientos [tres'θjentos],
trescientas
dreihundert

cuatrocientos
[kwatro'θjentos],
cuatrocientas
vierhundert

quinientos [ki'njentos],
quinientas
fünfhundert

seiscientos [seis'θjentos],
seiscientas
sechshundert

setecientos [sete'θjentos],
setecientas
siebenhundert

ochocientos [otʃo'θjentos],
ochocientas
achthundert

novecientos [noβe'θjentos],
novecientas
neunhundert

mil [mil]
tausend

un millón [mi'ʎon]
die Million

DIE ORDNUNGSZAHLEN

primero [priˈmero], primera
erste(r, s)

segundo [seˈɣun̩do], segunda
zweite(r, s)

tercer(o) [terˈθer(o)], tercera
dritte(r, s)

cuarto [ˈkwarto], cuarta
vierte(r, s)

quinto [ˈkin̩to], quinta
fünfte(r, s)

sexto [ˈsesto], sexta
sechste(r, s)

séptimo [ˈseptimo], séptima
siebte(r, s)

octavo [okˈtaβo], octava
achte(r, s)

noveno [noˈβeno], novena
neunte(r, s)

décimo [ˈdeθimo], décima
zehnte(r, s)

vigésimo [biˈxesimo], vigésima
zwanzigste(r, s)

centésimo [θen̩ˈtesimo], centésima
hundertste(r, s)

milésimo [miˈlesimo], milésima
tausendste(r, s)

MENGEN UND GEWICHTE

la cantidad [kan̪ti'ðað]
die **Menge**
→ No eches mucha cantidad de azúcar en la tarta. – *Schütte nicht so viel Zucker in die Torte.*

contar [kon̪'tar]
zählen
→ El nene ya sabe contar del uno al diez. – *Der Kleine kann schon bis Zehn zählen.*

el **cuarto** ['kwarto]
das **Viertel**
→ Se comió un cuarto de la tarta. – *Er / Sie hat ein Viertel von der Torte gegessen.*

el **kilo** ['kilo]
das **Kilo**
→ He comprado un kilo de fruta y medio kilo de carne. – *Ich habe ein Kilo Obst und ein halbes Kilo Fleisch gekauft.*

el **litro** ['litro]
der **Liter**
→ Para cocinar la receta necesito un litro de leche. – *Für dieses Rezept brauche ich einen Liter Milch.*

mayoría [maɟo'ria]
meiste(r, s)
→ La mayoría de la gente tiene complejos. – *Die meisten Leute haben Komplexe.*

medio ['meðjo], **media**
halb
→ He pasado medio día limpiando la casa. – *Ich habe einen halben Tag lang das Haus geputzt.*

el **medio kilo**
das **Pfund**
→ Póngame medio kilo de cerezas. – *Ein Pfund Kirschen, bitte.*

menos ['menos]
weniger
→ Ahora como menos que antes. – *Ich esse jetzt weniger als früher.*

mínimo ['minimo], **mínima**
geringste(r, s)
→ No tengo ni la más mínima idea de dónde vive. – *Ich habe nicht die geringste Ahnung, wo er / sie wohnt.*

mucho ['mutʃo], **mucha**
viel
→ Hoy tengo mucho tiempo libre. – *Heute habe ich viel Freizeit.*

el **número** ['numero]
die **Zahl**
→ Mi número de la suerte es el siete. – *Meine Glückszahl ist Sieben.*

la **parte** ['parte]
das **Teil**
→ Una parte del dinero ya se ha gastado. – *Ein Teil des Geldes wurde schon ausgegeben.*

la **pieza** ['pjeθa]
das **Stück**, das **Teil**
→ Al puzle le falta una pieza. – *Bei dem Puzzle fehlt ein Teil.*

poco ['poko], **poca**
wenig
→ En la conferencia había poca gente. – *Bei dem Vortrag waren wenig Zuhörer.*

poquito [po'kito]
bisschen
→ Solo quiero un poquito de pastel. – *Ich möchte nur ein bisschen Kuchen.*

solo ['solo], **sólo**
nur
→ ¿Solo has bebido una copa? – *Hast du nur ein Glas getrunken?*

suficiente [sufi'θjen̩te]
genug
→ Ya has comido suficientes golosinas. – *Du hast schon genug Süßigkeiten gegessen.*

todo ['toðo]
alles
→ ¿Has comprado todo? – *Hast du alles gekauft?*

varios ['barjos]
mehrere
→ Hay varios métodos para aprender un idioma. – *Es gibt mehrere Methoden, eine Sprache zu lernen.*

WICHTIGE SATZBAUSTEINE

ARTIKEL

MODAL- UND HILFSVERBEN

PERSONAL- UND POSSESSIVPRONOMEN

PRONOMEN

STELLUNG NEHMEN

STRUKTURWÖRTER

KONJUNKTIONEN

PRÄPOSITIONEN

WICHTIGE VERBEN

ARTIKEL

el[1] [el]
am
→ Me casé el veintisiete de agosto. – *Ich habe am siebenundzwanzigsten August geheiratet.*

el[2] [el]
der
→ El vecino es un poco raro. – *Der Nachbar ist etwas merkwürdig.*

esto ['esto]
das
→ Esto no es lo que te he pedido. – *Das ist nicht das, worum ich dich gebeten habe.*

la [la]
die
→ La puerta es de madera. – *Die Tür ist aus Holz.*

lo [lo]
es
→ No lo sé. – *Ich weiß es nicht.*

MODAL- UND HILFSVERBEN

deber[1] [de'βer]
müssen
→ Debes pagar lo que compras. – *Was du kaufst, musst du bezahlen.*

deber[2] [de'βer]
sollen
→ Deberías cortarte un poco el pelo. – *Du solltest dir die Haare schneiden lassen.*

poder[1] [po'ðer]
können
→ Esta noche no puedo quedar contigo. – *Heute Abend kann ich mich nicht mit dir treffen.*

poder[2] [po'ðer]
dürfen
→ ¿Puedo salir con mis amigas? – *Darf ich mit meinen Freundinnen weggehen?*

querer [ke'rer]
wollen
→ Quiero hablar contigo un momento. – *Ich möchte einen Moment mit dir sprechen.*

tener que
müssen
→ Tengo que hacer los deberes. – *Ich muss Hausaufgaben machen.*

PERSONALPRONOMEN

yo [ɟo]
ich
→ No, yo no soy Laura. – *Nein, ich bin nicht Laura.*

tú [tu]
du
→ Tú no eres de aquí, ¿verdad? – *Du bist nicht von hier, nicht wahr?*

él [el]
er; ihm; ihn
→ Él no es culpable; he sido yo. – *Er ist nicht schuld, ich war es.*

ella [ˈeʎa]
sie; ihr
→ Ella no dijo nada. – *Sie sagte nichts.*

ello [ˈeʎo]
es; das
→ No sé nada de ello. – *Davon weiß ich nichts.*

usted [usˈteð]
Sie; Ihnen
→ ¿Usted es su padre? – *Sind Sie sein / ihr Vater?*

nosotros [noˈsotros]
wir; uns
→ Nosotros no estábamos allí cuando ocurrió el accidente. – *Wir waren nicht dort, als der Unfall passierte.*

vosotros [boˈsotros]
ihr; euch
→ Y vosotros, ¿de dónde sois? – *Und ihr, wo kommt ihr her?*

ellos [ˈeʎos]
sie; ihnen
→ Ellos juegan al fútbol, mientras ellas cocinan. – *Sie (die Männer) spielen Fußball, während sie (die Frauen) kochen.*

ellas [ˈeʎas]
sie; ihnen
→ Ellas son mi madre y mi tía. – *Das sind meine Mutter und meine Tante.*

ustedes [usˈteðes]
Sie; Ihnen
→ Señor y señora Pérez, esto es para ustedes. – *Herr und Frau Pérez, das ist für Sie.*

POSSESSIVBEGLEITER UND -PRONOMEN

me [me]
mir; mich
→ ¿Me has llamado? – *Hast du mich gerufen?*

te [te]
dir; dich
→ No te conozco. – *Ich kenne dich nicht.*

mi [mi]
mein(e)
→ Este no es mi abrigo. – *Das ist nicht mein Mantel.*

tu [tu]
dein(e)
→ Tu madre es muy guapa. – *Deine Mutter ist sehr hübsch.*

su [su]
sein(e); ihr(e); Ihr(e)
→ Su padre es director de un banco. – *Sein / Ihr Vater ist Bankdirektor.*

nuestro ['nwestro], **nuestra**
unser(e)
→ Nuestra hija se quiere ir de casa. – *Unsere Tochter möchte ausziehen.*

vuestro ['bwestro], **vuestra**
eu(e)re
→ Vuestro hijo es muy educado. – *Euer Sohn ist sehr gut erzogen.*

sus [sus]
ihr(e), Ihr(e)
→ Los niños que están con ellos son sus hijos. – *Die Kinder, die bei ihnen sind, sind ihre eigenen.*

mío ['mio], **mía**
meine(r, s)
→ El gorro negro es el mío. El tuyo es el azul. – *Die schwarze Mütze ist meine. Deine ist blau.*

tuyo ['tuɟo], **tuya**
dein(e, r)
→ El abrigo negro es (el) tuyo. – *Der schwarze Mantel ist deiner.*

INTERROGATIVRONOMEN

a dónde, adónde
wohin
→ ¿A dónde vas tan deprisa? – *Wohin gehst du so eilig?*

cómo [ˈkomo]
wie
→ ¿Cómo está tu familia? – *Wie geht es deiner Familie?*

cuál [kwal]
welche(r, s)
→ ¿Cuál es tu maleta? – *Welcher ist dein Koffer?*

cuándo [ˈkwan̪do]
wann
→ ¿Cuándo le dan una respuesta? – *Wann geben sie ihm / ihr Antwort?*

dónde [ˈdon̪de]
wo
→ ¿Dónde están las llaves? – *Wo sind die Schlüssel?*

por qué
warum
→ ¿Por qué no se lo has dicho todavía? – *Warum hast du es ihm / ihr noch nicht gesagt?*

qué [ke]
was
→ ¿Qué ha pasado? – *Was ist passiert?*

quién [kjen]
wer
→ ¿Quién es la mujer morena? – *Wer ist die Frau mit den dunklen Haaren?*

además [aðe'mas]
außerdem
→ No tengo hambre y además no me gusta esta comida. – *Ich habe keinen Hunger, und außerdem mag ich dieses Essen nicht.*

aproximadamente [aproɣsimaða'mente]
ungefähr
→ El apartamento cuesta trescientos mil euros aproximadamente. – *Die Wohnung kostet ungefähr dreihunderttausend Euro.*

así [a'si]
so
→ Así no podemos continuar. – *So können wir nicht weitermachen.*

bastante [bas'tante]
ziemlich
→ Su padre gana bastante dinero. – *Sein / Ihr Vater verdient ziemlich gut.*

completamente [kompleta'mente]
völlig, total
→ Tu amiga está completamente loca. – *Deine Freundin ist total verrückt.*

de nuevo
wieder
→ Nos veremos de nuevo en Navidad. – *Weihnachten sehen wir uns wieder.*

de verdad
wirklich
→ ¿De verdad que te has casado? – *Hast du wirklich geheiratet?*

en realidad
eigentlich
→ En realidad no me interesa tu historia. – *Eigentlich interessiert mich deine Geschichte nicht.*

especialmente [espeθjal'mente]
besonders
→ La costa me gusta especialmente en verano. – *Die Küste gefällt mir im Sommer besonders gut.*

increíble [iŋkre'iβle]
unglaublich
→ ¡Es increíble lo que has crecido! – *Es ist unglaublich, wie du gewachsen bist!*

más [mas]
mehr
→ No quiero más, gracias. – *Ich möchte nichts mehr, danke.*

mejor [meˈxor]
lieber
→ Mejor díselo tú. – *Sag es ihm / ihr lieber selbst.*

mucho [ˈmutʃo]
sehr
→ Me gusta mucho tu peinado. – *Deine Frisur gefällt mir sehr gut.*

muy [mwi]
sehr
→ Es una canción muy bonita. – *Es ist ein sehr schönes Lied.*

no [no]
nicht
→ El cartero aún no ha llegado. – *Der Briefträger war noch nicht da.*

normalmente [normalˈmen̩te]
normalerweise
→ Normalmente desayuna cereales. – *Normalerweise isst er / sie Müsli zum Frühstück.*

o sea
also
→ Hoy estamos todos, o sea, mi padre, mi madre, mi hermana y yo. – *Heute sind wir alle da, also mein Vater, meine Mutter, meine Schwester und ich.*

otra vez
noch einmal
→ ¿Puedes cantar esa canción otra vez? – *Kannst du dieses Lied noch einmal singen?*

por cierto
übrigens
→ Por cierto, ¿cómo está tu hermana? – *Übrigens, wie geht es deiner Schwester?*

probablemente [proβaβleˈmen̩te]
wahrscheinlich
→ Probablemente no se haya enterado de la noticia. – *Wahrscheinlich hat er / sie die Neuigkeit noch nicht erfahren.*

si no
sonst
→ Date prisa que si no llegamos tarde. – *Beeil dich, sonst kommen wir zu spät.*

también [tamˈbjen]
auch
→ También vino su padre con nosotros. – *Auch sein / ihr Vater kam mit.*

INDEFINITPRONOMEN

algo ['alɣo]
etwas
→ ¿Te duele algo? – *Tut dir etwas weh?*

alguien ['alɣjen]
(irgend)jemand
→ Te ha llamado alguien por teléfono. – *Irgendjemand hat für dich angerufen.*

nada ['naða]
nichts
→ Los invitados no han comido nada. – *Die Gäste haben nichts gegessen.*

nadie ['naðje]
niemand
→ Nadie sabe por qué se marchó. – *Niemand weiß, warum er / sie weggegangen ist.*

ningún [niŋ'gun]
kein
→ No me queda ningún cigarrillo. – *Ich habe keine Zigarette mehr.*

a lo mejor
vielleicht
→ A lo mejor nos vemos en la fiesta. – *Vielleicht sehen wir uns auf dem Fest.*

cada [ˈkaða]
jede(r, s)
→ Cada bote tiene un contenido. – *In jeder Dose ist ein bestimmter Inhalt.*

cuanto... (tanto) [ˈkwan̪to]
je ... desto
→ Cuanta más gente venga a la fiesta, mejor. – *Je mehr Leute zu dem Fest kommen, desto besser.*

excepto [esˈθepto]
außer
→ Han venido todos excepto Carmen. – *Außer Carmen sind alle gekommen.*

incluso [iŋˈkluso]
sogar
→ Trabaja incluso los días de fiesta. – *Er / Sie arbeitet sogar an Feiertagen.*

ni... ni...
weder ... noch ...
→ Ni ha llamado, ni ha escrito una carta. – *Er / Sie hat weder angerufen, noch einen Brief geschrieben.*

o... o...
entweder ... oder ...
→ O nos vamos al cine ya o nos quedamos en casa. – *Entweder gehen wir jetzt ins Kino, oder wir bleiben zu Hause.*

otro [ˈotro]**, otra**
andere(r, s)
→ Intenta abrir con otra llave. – *Probiere mal, ob du das Schloss mit einem anderen Schlüssel öffnen kannst.*

tal [tal]
solche(r, s)
→ A tales preguntas no contesto. – *Solche Fragen beantworte ich nicht.*

tanto... como...
sowohl ... als auch ...
→ Me gusta tanto la música clásica como la moderna. – *Ich mag sowohl klassische als auch moderne Musik.*

todos [ˈtoðos]**, todas**
alle
→ En la lista están todos los nombres. – *Alle Namen stehen auf der Liste.*

uno mismo, una misma
selbst
→ Esta reparación la puede hacer uno mismo. – *Diese Reparatur kann man selbst durchführen.*

KONJUNKTIONEN

antes de
bevor
→ Cierra la puerta con llave antes de salir. – *Schließ die Tür ab, bevor du weggehst.*

aunque [ˈau̯ŋke]
obwohl
→ Aunque no nos vemos mucho, nos llamamos con frecuencia. – *Obwohl wir uns nicht so oft sehen, telefonieren wir häufig.*

como si
als ob
→ Marta hizo como si no me hubiera visto. – *Marta tat so, als ob sie mich nicht gesehen hätte.*

cuando [ˈkwan̦do]
als
→ Cuando era pequeño jugaba mucho al fútbol. – *Als Kind habe ich viel Fußball gespielt.*

desde [ˈdesðe]
seit
→ ¿Desde cuándo vives en Alemania? – *Seit wann lebst du in Deutschland?*

en lugar de
statt
→ En lugar de ir a la playa fuimos a la piscina. – *Wir gingen ins Schwimmbad statt an den Strand.*

o [o]
oder
→ ¿Prefieres carne o pescado? – *Isst du lieber Fleisch oder Fisch?*

para que
damit
→ Ponte una chaqueta para que no tengas frío. – *Zieh eine Jacke an, damit du nicht frierst.*

pero [ˈpero]
aber
→ No ha llamado, pero seguro que viene. – *Er / Sie hat nicht angerufen, kommt aber bestimmt.*

porque [ˈporke]
weil
→ No lo he comprado porque no llevaba dinero. – *Ich habe es nicht gekauft, weil ich kein Geld dabei hatte.*

puesto que
denn
→ Me imagino que no puede venir, puesto que no me ha llamado. – *Ich denke, dass er / sie nicht kommen kann, denn er / sie hat mich nicht angerufen.*

que [ke]
dass
→ No sabía que estabas casada. – *Ich wusste nicht, dass du verheiratet bist.*

si [1] [si]
wenn
→ Si no viene en cinco minutos me marcho. – *Wenn er / sie nicht in fünf Minuten kommt, gehe ich.*

si [2] [si]
ob
→ No sé si la tienda aún está abierta. – *Ich weiß nicht, ob der Laden noch geöffnet hat.*

sin embargo
trotzdem
→ Tenía poco dinero y, sin embargo, la invitó a cenar. – *Er / Sie hatte wenig Geld, und trotzdem lud er / sie sie zum Abendessen ein.*

sino [ˈsino]
sondern
→ No es blanco sino beis. – *Es ist nicht weiß, sondern beige.*

tan pronto como
sobald
→ Tan pronto como llegue te llamo. – *Sobald ich da bin, rufe ich dich an.*

y [i]
und
→ Hemos comprado comida y bebida. – *Wir haben etwas zu essen und zu trinken gekauft.*

PRÄPOSITIONEN

a partir de
ab
→ A partir del lunes no hay clase. – *Ab Montag findet kein Unterricht statt.*

contra ['kontra]
gegen
→ Si te apoyas contra la pared la vas a manchar. – *Wenn du dich an der Wand anlehnst, machst du sie schmutzig.*

de [1] [de]
aus
→ Mi novia es de Barcelona. – *Meine Freundin kommt aus Barcelona.*

de [2] [de]
von
→ Miguel viaja de Hannover a Múnich. – *Miguel fährt von Hannover nach München.*

delante de [de'lante de]
vor
→ Delante de la casa hay un árbol caído. – *Vor dem Haus liegt ein umgestürzter Baum.*

demasiado [dema'sjaðo], **demasia**
dazu
→ El apartamento es demasiado caro. – *Die Wohnung ist zu teuer.*

desde ['desðe]
von
→ Desde arriba no se ve bien. – *Von oben sieht man nicht gut.*

después de
nach
→ Después del partido se fueron a cenar juntos. – *Nach dem Spiel gingen sie zusammen essen.*

entre ['entre]
zwischen
→ Llegaré entre la una y las dos. – *Ich werde zwischen eins und zwei ankommen.*

hasta ['asta]
bis
→ Estaré de viaje desde enero hasta marzo. – *Ich werde von Januar bis März verreist sein.*

junto a ['xunto a]
an
→ Junto a mi casa hay una biblioteca. – *Neben meinem Haus ist eine Bibliothek.*

para ['para]
für
→ ¿Para quién es este paquete? – *Für wen ist dieses Paket?*

por[1] [por]
wegen
→ No me he marchado por ti. – *Ich bin nicht deinetwegen weggegangen.*

por[2] [por]
für
→ Lo he hecho por ti. – *Ich habe es für dich gemacht.*

por[3] [por]
aus
→ Le vi mirando por la ventana. – *Ich sah ihn aus dem Fenster schauen.*

sin [sin]
ohne
→ Tomo el café sin azúcar. – *Ich trinke meinen Kaffee ohne Zucker.*

sobre [ˈsoβre]
über
→ Estábamos hablando sobre un asunto importante. – *Wir sprachen gerade über eine wichtige Angelegenheit.*

WICHTIGE VERBEN

continuar [kon̪tinuˈar]
fortsetzen, weitermachen
→ Continúa lloviendo. – *Es regnet immer noch.*

dejar[1] [deˈxar]
aufhören
→ He dejado de fumar. – *Ich habe mit dem Rauchen aufgehört.*

dejar[2] [deˈxar]
legen
→ ¿Dónde has dejado el libro? – *Wo hast du das Buch hingelegt?*

dejar[3] [deˈxar]
lassen
→ ¡Deja el libro sobre la mesa! – *Lass das Buch auf dem Tisch liegen!*

empezar [empeˈθar]
anfangen
→ Todavía no he empezado a trabajar. – *Ich habe noch nicht angefangen zu arbeiten.*

estar [esˈtar]
sein, liegen
→ Madrid está en el centro de España. – *Madrid liegt im Zentrum Spaniens.*

finalizar [finali'θar]
beenden
→ La representación ha finalizado. – *Die Vorstellung ist beendet.*

gustar [gus'tar]
gefallen
→ ¿Te gusta mi corte de pelo? – *Gefällt dir mein Haarschnitt?*

gustar [gus'tar]
mögen
→ ¿Te gusta la ópera? – *Magst du Opern?*

hacer [a'θer]
machen, tun
→ ¿Qué hacemos esta tarde? – *Was machen wir heute Nachmittag?*

hay ['aɟ]
es gibt
→ En la plaza hay muchísimos niños. – *Auf dem Platz gibt es eine Menge Kinder.*

preferir [prefe'rir]
lieber mögen
→ No me apetece café. Preferiría tomar un té. – *Ich habe keinen Appetit auf Kaffee. Ich hätte lieber einen Tee.*

saber [sa'βer]
wissen
→ ¿Sabes de dónde es Ana? – *Weißt du, wo Ana herkommt?*

ser [ser]
sein
→ Julio es médico. – *Julio ist Arzt.*

tener [te'ner]
haben
→ ¿Tienes tiempo para tomar un café? – *Hast du Zeit, einen Kaffee zu trinken?*

traer [tra'er]
bringen
→ ¿Me puedes traer un vaso de agua? – *Kannst du mir ein Glas Wasser bringen?*

venir [be'nir]
kommen
→ ¿A qué hora vienes? – *Um wie viel Uhr kommst du?*

C

D

E

F

G

L

M

S

PONS

Die 1.000 wichtigsten Wörter Spanisch
Grundwortschatz

Bearbeitet von: María del Carmen Almendros de la Rosa, Eva Schellert, Dr. Christiane Wirth

1. Auflage 2018 (1,01 - 2018)

www.pons.de
E-Mail: info@pons.de

Projektleitung: Ursula Martini
Gestaltung: Petra Michel, Essen
Umschlaggestaltung: Ilham Widmann, Stuttgart
oentwurf: Erwin Poell, Heidelberg
Logoüberarbeitung: Sabine Redlin, Ludwigsburg
Druck: Print Consult GmbH, München
Printed in Europe

ISBN 978-3-12-516166-5